D0886038

Une femme discrète

Catherine Perrin

Une femme
discrète

RÉCIT

QuébecAmérique

Projet dirigé par Pierre Cayouette, éditeur

Adjointe éditoriale : Raphaelle D'Amours
Conception graphique : Sara Tétreault
Mise en pages : André Vallée – Atelier typo Jane
Révision linguistique : Sylvie Martin et Line Nadeau
Photographie en couverture : Archives personnelles de l'auteure

Québec Amérique
329, rue de la Commune Ouest, 3e étage
Montréal (Québec) Canada H2Y 2E1
Téléphone : 514 499-3000, télécopieur : 514 499-3010

Nous reconnaissons l'aide financière du gouvernement du Canada par
l'entremise du Fonds du livre du Canada pour nos activités d'édition.

Nous remercions le Conseil des arts du Canada de son soutien. L'an
dernier, le Conseil a investi 157 millions de dollars pour mettre de l'art
dans la vie des Canadiennes et des Canadiens de tout le pays.

Nous tenons également à remercier la SODEC pour son appui financier.
Gouvernement du Québec – Programme de crédit d'impôt pour l'édition
de livres – Gestion SODEC.

 Conseil des Arts **Canada Council**
du Canada for the Arts

SODEC
 Québec

**Catalogage avant publication de Bibliothèque et Archives nationales
du Québec et Bibliothèque et Archives Canada**

Perrin, Catherine
Une femme discrète
(Dossiers et documents)
ISBN 978-2-7644-2784-2 (Version imprimée)
ISBN 978-2-7644-2785-9 (PDF)
ISBN 978-2-7644-2786-6 (epub)
1. Perrin, Catherine - Famille. 2. Animatrices de radio - Québec (Province)
- Biographies. 3. Clavecinistes - Québec (Province) - Biographies. I. Titre.
II. Collection : Dossiers et documents (Éditions Québec Amérique).
PN1991.4.P47A3 2014   791.4402'8092   C2014-941470-6

Dépôt légal : 3e trimestre 2014
Bibliothèque nationale du Québec
Bibliothèque nationale du Canada

Imprimé au Québec

À Léo et Alice, pour la suite.

1

Maman est morte le 27 mars 2012, à l'âge de 76 ans.

Il faut commencer par là, même si ça fait mal.

Il faut commencer par là, parce que c'est sa disparition qui a éveillé en moi le besoin de raconter.

Mes sœurs ont posé la bonne question : « Raconter l'histoire de maman… qu'est-ce qu'elle en penserait, elle qui faisait tout pour rester discrète ? »

C'est vrai. Elle a été la confidente douce et appréciée de bien des amis, mais elle ne s'épanchait jamais.

La question de mes sœurs m'a forcée à chercher et à comprendre.

Je voulais raconter une histoire d'amour. Une histoire où l'amour a lutté pour l'emporter sur un trou noir qui aurait pu engloutir une vie.

Mais commençons par la fin.

Une pneumonie féroce s'est déclarée le vendredi 23 mars.

Je rentre d'un concert, tard, prête à partir tôt le lendemain pour une courte fin de semaine à la campagne. Épuisée, mais ravie par cette vie toujours en équilibre précaire, juste au bord du trop-plein. La radio, une tournée de concerts, les enfants, avec l'amour et une bouffée d'air frais pour lier le tout.

Jusqu'à ce que la vie en décide autrement.

Ce soir-là, un message de Geneviève m'apprend que maman est à l'urgence. Mon autre sœur, Agnès, qui vit en Allemagne depuis 25 ans, est au Québec pour deux semaines ; elle vient au moins deux fois par année depuis que le cerveau de notre mère a glissé sur une pente douce.

À 23 h 30, on se retrouve donc toutes les trois autour d'un lit à l'urgence.

Maman émerge brièvement d'un sommeil fiévreux. Quand elle nous voit, son regard semble inquiet derrière le masque à oxygène.

En y repensant, j'aurais aimé qu'elle sourie à ce moment, cette dernière fois qu'elle nous aura regardées réunies. Mais la vérité, c'est que son regard inquiet convient mieux à ce qui va suivre : quatre jours de voyage vers la mort.

Le lendemain matin, on apprend que l'oxygénation de son sang demeure mauvaise et la fièvre, élevée malgré les antibiotiques. Le médecin de garde suggère qu'on passe à l'oxygénation sous pression.

Réunion chez ma sœur Geneviève, avant d'aller à l'hôpital. Papa est prêt à suivre la recommandation du médecin pour la journée. Je sens qu'il veut gagner du temps, apprivoiser l'idée de la fin.

Mes sœurs sont hésitantes. Avec délicatesse, Geneviève évoque les séquelles probables d'une telle pneumonie si maman devait s'en sortir : la qualité de vie encore détériorée, l'alimentation de plus en plus difficile puis une prochaine pneumonie, inévitable, typique à ce stade avancé d'une démence cérébrale.

Moins solide que mes sœurs, deux paramédicales accomplies fréquentant des patients tous les jours, j'explose en une phrase qui se perd en sanglots : « Je crois qu'on devrait la laisser partir ! »

Mes sœurs semblent soulagées et mettent le doigt sur ce qu'on pense tous : maman veut partir pendant que sa fille aînée est au pays.

Nous voilà à l'urgence, devant le médecin de garde, qui nous explique toutes les procédures destinées à soigner la pneumonie.

On l'interrompt doucement : « Non, pas d'oxygène sous pression. On veut laisser faire la nature. »

Bref silence et sourcils froncés du médecin.

Geneviève continue : « Vous savez qu'elle a une dégénérescence cérébrale avancée ?

— Oui, j'ai vu ça au dossier… »

Il se tourne vers la patiente allongée et inconsciente ; une femme à la silhouette trop jeune, les cheveux à peine poivre et sel. Il semble perplexe.

Geneviève ajoute quelques détails précis : immobilité presque totale, alimentation difficile même en purée, incontinence, apathie de plus en plus prononcée.

Le médecin nous regarde à nouveau, et je crois qu'il voit soudain l'essentiel : trois femmes pleines, à en pleurer, d'amour pour leur mère.

« D'accord, on arrête tout. On passe aux soins palliatifs. »

La mort qui s'en vient. La certitude que c'est inéluctable, que les heures, une à une, vont nous en rapprocher. Une mort acceptée.

Ce qui ne m'a pas empêchée, dans la fatigue qui s'accumulait, de vivre quelques délits de fuite : la fièvre baissait un peu, et je l'imaginais alors se réveiller comme avant, avant la maladie. Je voyais ses yeux s'ouvrir, vifs, son sourire reconquis.

Puis je revenais à la réalité.

Je comprenais que si, par une bizarrerie de la nature, il y avait victoire sur cette pneumonie, maman serait condamnée à retrouver le radeau à la dérive qu'était son corps.

La mort pouvait venir. C'est contre la maladie que j'étais toujours en colère.

Contre cette colère, nous avions trouvé une mince consolation : donner le cerveau de maman à la science pour qu'il serve, peut-être, à la recherche sur cette dégénérescence rare. C'est Geneviève qui a eu le courage, à travers les brumes de cette veille, de prendre contact avec la Banque de cerveaux de l'Institut Douglas pour savoir comment procéder, le moment venu. Je l'entendais poser des questions, elle était précise, cohérente, je la trouvais prodigieuse.

Trois jours de veille, du samedi matin au mardi matin.

On a eu assez de temps pour ne pas souhaiter repousser la mort.

On n'a pas eu le temps d'avoir hâte d'en finir.

C'était parfait : en spécialiste des soins palliatifs qu'elle était (une quinzaine d'années comme bénévole dans le domaine), maman a été championne de la bonne mesure.

Chaque fois que j'y étais pour quelques heures, je te parlais, le plus possible. Te disais qu'on était prêts, qu'on allait s'occuper de papa. Qu'on avait eu une belle vie grâce à toi.

Mais quelle sauvagerie, la mort ! Aussi sauvage qu'un accouchement, avec l'issue aux antipodes.

Te voyant lutter, soulagée par la morphine, mais creusant, à chaque respiration, tes dernières réserves d'énergie, je te soufflais : « C'est de l'ouvrage mourir... Courage, ma petite maman. »

Ses trois filles, son mari et sa sœur Françoise : c'était le noyau de la garde.

J'ai passé la nuit du dimanche au lundi seule avec toi. Assise dans un fauteuil, tenant ta main légère. Quand la fatigue l'emportait, je m'inclinais vers toi, le front appuyé sur le côté de ton lit, le dessus de ma tête frôlant ton flanc. Si je m'assoupissais, je me disais que le moindre spasme, un soubresaut de respiration anormale allait me réveiller. La nuit a été calme. Tu faisais tranquillement ton chemin vers la mort.

Au matin, Agnès vient prendre ma place, bientôt accompagnée par Françoise.

Quelques heures de sommeil à la maison, puis retour à la chambre. Cette fois, trois neveux se sont ajoutés. Ils sont là, simplement. Parlent doucement, de tout et de rien. L'un d'eux garde parfois un silence ému en la regardant, s'approche du lit, tient sa main quelques minutes. Je suis partagée; j'ai l'impression que tout ce monde pompe trop de l'oxygène dont elle a tant besoin. On se croirait déjà au salon funéraire, mais elle est là et travaille à mourir.

D'un autre côté, il n'y a rien que tu aimes plus que d'avoir ton monde autour de toi, tes petits-enfants surtout, alors je me calme.

Ce lundi passe sans changement notable et on commence à se dire que maman sera peut-être une mourante étonnante, comme il y en a parfois, de ceux qui étirent les dernières réserves pendant des jours, et même des semaines…

Je décide, devant cette inconnue du temps, d'aller animer mon émission le mardi. Au matin, mon fiancé passe voir maman et m'appelle juste avant que j'entre en ondes : « La nuit a été calme, sa respiration est moins tendue. Agnès vient de partir, ton père et Françoise sont là. »

Pendant le bulletin d'informations de 10 h, je ne trouve aucun message. À 11 h, je rallume mon téléphone et j'entends la voix émue et calme d'Agnès : « C'est fini. Papa et Françoise étaient avec elle. Ils nous ont appelées, mais, Geneviève et moi, on n'a pas eu le temps de se rendre. »

Mes sœurs, si généreuses, m'ont dit qu'elles étaient presque soulagées de ne pas avoir été là sans moi.

Maman... l'égalité de l'amour pour tes trois filles aura été une ligne inébranlable jusqu'à ton dernier souffle.

2

En lisant toutes les cartes reçues au décès de ma mère, je n'ai pas été étonnée d'y voir évoquées sa grande humanité, son amitié loyale ou son écoute généreuse. Mais j'ai été touchée et surprise qu'on y souligne aussi beaucoup sa beauté. Ces gens, qui avaient peu vu maman dans les dernières années, me la rendaient soudain intacte, belle et vive comme avant la maladie.

Ce qui m'a surtout frappée, c'est qu'on ait remarqué cette beauté, car maman faisait tout pour rester discrète. Soignée, mais modeste, comme si être trop jolie pouvait s'avérer dangereux.

Maman avait un beau visage, un corps menu et bien proportionné, et un port d'une élégance naturelle.

Puisqu'on me rappelle cette grâce, j'ai envie d'en faire l'itinéraire, remontant jusqu'aux années cinquante, qui l'ont vue éclore.

Le journal intime de ma mère s'ouvre en juin 1951. Elle a 16 ans et le journal en question, relié de cuir brun et muni d'une petite serrure dorée, est un cadeau de graduation. Pensionnaire au couvent Maplewood de Waterloo, elle vient de terminer les quatre années du programme Lettres-Sciences, une version allégée du cours classique réservé aux garçons, latin inclus, mais sans le grec. Sur son diplôme, une griffe importante nous apprend que le programme était sanctionné par l'Université de Montréal.

Dès les premières pages, on comprend que la jeune Louise qui écrit, ma mère, est peu sûre d'elle à l'adolescence. Vers 17 ans, elle commence à s'intéresser aux garçons: « Ça va être bien effrayant s'il faut que je commence à ne parler que des garçons dans mon journal. C'est drôle comme je me suis mise à en connaître et à avoir de l'agrément avec eux tout d'un coup. Faut croire que j'arrive à l'âge… auquel d'autres sont arrivées plus tôt! » Elle aime beaucoup danser et, pendant quelques années, ce sera souvent sa façon d'entrer en contact avec un jeune homme.

À 21 ans, elle reçoit cette description d'elle-même, écrite par un homme plus âgé qu'elle vient de rencontrer: «Merci de votre très belle photo, que j'ai sous les yeux en écrivant. Votre délicatesse est vraiment délicieuse. […] Vos bras sont fuselés, faits au tour. Vous avez le large front des êtres intelligents et francs, car il est dégagé. Vous avez l'air jeune, beaucoup plus jeune encore que votre âge. Vous pourrez garder longtemps cet air (avec la culture physique). Vos lunettes ne vous désavantagent pas. Elles mettent une petite note doctorale. Le contraste est charmant.»

Ce correspondant admiratif de ma mère, c'est un père bénédictin.

Le passage est extrait de sa toute première lettre. En voici un autre: «Vous êtes intelligente, mais de cette bonne sorte d'intelligence, bien assise sur le sens commun (au sens philosophique). […] Votre intelligence n'est pas de pure intellectuelle, mais elle est teintée d'une profonde humanité.»

En lisant cette lettre, je suis restée sans voix, émue et impressionnée.

Cet homme avait parfaitement senti et décrit les plus belles forces de ma mère après avoir passé à peine quelques heures avec elle.

Dom Raoul Hamel devient, dès ce moment, son «directeur spirituel», comme on disait à l'époque. Je n'ai pu déterminer, ni dans le journal de maman ni à travers les lettres du bénédictin, qui les a mis en contact. Peut-être Doris, une amie avec qui elle avait été pensionnaire, devenue elle aussi une « dirigée » du père Hamel*.

Quoi qu'il en soit, cette rencontre correspondait à un vieux souhait de ma mère ; déjà en octobre 1951, elle avait noté dans son journal une aspiration étonnante pour une jeune fille de 16 ans : « Je sens le besoin d'un directeur. » Elle désire remplacer la « confesse » par une conversation avec quelqu'un qui ne la « gênerait » pas. « Il me semble qu'alors… je ne croupirais plus au même degré de vie spirituelle mais que je monterais enfin. » C'est seulement quelques années plus tard, en 1956, qu'elle fera la rencontre du père Hamel. À 21 ans, elle occupe un bon poste de secrétaire bilingue, mais souhaite plus que tout trouver un mari et fonder une famille.

Au cours des années suivantes, le bénédictin prendra soin de l'encourager d'abord et avant tout comme femme (la dimension religieuse étant présente, bien sûr, mais sans insistance). Il l'incite à développer tous les aspects de sa personnalité : éducation, culture, lectures et bien-être physique. Une réflexion spirituelle d'une grande profondeur peut être suivie d'un commentaire sur une jeune actrice française de son âge : « Vous aimez sûrement l'arrangement des cheveux de Mylène Demongeot […] C'est tout simple et en harmonie avec la figure jeune et rajeunie encore par cette coiffure. »

Il lui parle d'Alexis Carrel, soupesant les mérites et les dérives du biologiste français, mais aussi de *Paris Match*, heureux de savoir qu'elle s'y est abonnée : « *Paris Match* va vous fournir chaque semaine une littérature agréable et utile, le sommaire des grands événements, des reportages photographiques intéressants. Les articles de politiques internationales sont généralement tendancieux, mais il est bien difficile d'attendre l'impartialité en pareille matière, d'autant que : où est l'impartialité, alors que chacun de ceux qui voient s'imagine voir objectivement ? »

Ce rôle de guide multidimensionnel, le père Hamel l'a joué intensivement jusqu'au mariage de maman, en 1959, écrivant

* Voir l'annexe : Dom Raoul Hamel et l'accompagnement spirituel des bénédictins.

plus d'une lettre par mois, l'accueillant à Saint-Benoît-du-Lac au moins deux fois par année. C'est en lisant ces lettres, récemment, que j'ai mieux compris ce qui avait poussé ma mère, Louise Adam, fille d'un médecin de campagne en Estrie, vers mon père, Jacques Perrin, intellectuel sorti des facultés de philosophie et de droit de l'Université Laval.

Sachant qu'elle souhaite trouver un époux, il l'avertit, dès sa première lettre : « Vous ne pourrez épouser qu'un artiste ou un homme d'un idéal transcendant, ce qui est encore mieux. [...] C'est vous qui choisissez et vous choisissez ce qui vous plaît. Vous pouvez être exigeante. »

Il contribue à la rendre exigeante, soulignant que pour construire un foyer heureux, il faut aussi un mari qui soit capable de s'intéresser à sa famille.

À propos d'un petit ami fréquenté un an avant mon père, il écrit : « Il n'est pas encore le bon numéro... Quel mari vous devrez avoir ! Intelligent, artiste, délicat, épris, viril... »

S'adonnant à la graphologie, le bénédictin aux mille ressources ira jusqu'à demander un échantillon de l'écriture d'un jeune homme.

Ceux qui attirent l'attention de la jolie Louise ont souvent des racines ou des attaches dans les Cantons-de-l'Est, qu'elle fréquente encore beaucoup, même si la famille Adam est installée à Montréal depuis 1954. Mon grand-père, demeuré très diminué par un infarctus important, espérait y trouver un travail moins exigeant que la vie de médecin de campagne.

Ma mère, l'aînée, avait 19 ans au moment du déménagement et travaillait déjà depuis deux ans pour soutenir sa famille. À Montréal, elle a rapidement trouvé une place comme secrétaire à la délégation française de l'Organisation de l'aviation civile internationale. Elle se joint ensuite au Crédit interprovincial, fondé par Jean-Louis Lévesque, un des précurseurs du Québec inc., bien connu pour ses succès financiers et pour son amour des chevaux. Maman partage le secrétariat avec une certaine Mlle Benoit, qui se fait appeler «Miss B»; ensemble, elles s'occupent, entre autres, des certificats d'enregistrement des chevaux de course du patron.

Elle développe un goût pour les beaux vêtements, les coupes inspirées de Chanel et reproduites par d'excellentes couturières d'ici.

J'ai pu mettre la main sur un exemplaire, daté de mars 1958, de *L'Écho du 31 St-Jacques Ouest*, journal interne de la maison de courtage de Jean-Louis Lévesque. On y trouve des articles sur les élections à venir et sur les progrès de l'hydroélectricité.

On y lit aussi un carnet mondain, relatant une sortie de bureau hivernale dans les Laurentides, qui décrit au passage la «grâce aérienne» de Mlle Adam en patins et ses succès comme danseuse. Sur la piste de danse, on la trouve courtisée par des «loups écossais», qu'elle réussira à larguer, le lendemain, dans une folle descente en toboggan: «insuffisamment instruits dans ce genre de sport», les prétendants abandonneront dans une embardée humiliante.

Je l'imagine mignonne et allumée, la répartie vive, s'amusant aussi entièrement qu'elle assume ses responsabilités. Mon père, qui l'a connue l'année suivante, la sentait très heureuse dans son milieu de travail, fière de soutenir financièrement la famille et soulagée d'échapper à l'angoisse créée par la maladie de son père. Les besoins des cinq enfants plus jeunes s'ajoutaient aussi: dans une lettre, on découvre que la révision de l'anglais et des mathématiques, parfois difficiles pour la plus jeune, occupe une partie de son temps libre.

En février 1959, elle se rend à Québec. Son riche patron a en effet la généreuse habitude d'envoyer, à ses frais, chaque année, ses secrétaires en escapade.

Voilà un groupe de jeunes filles installées au Château Frontenac pour une fin de semaine au Carnaval de Québec. Mon grand-père a demandé à sa fille aînée de profiter de ce séjour pour faire une visite de politesse à la veuve d'un de ses confrères d'études, le Dr Perrin.

Il a été convenu que le fils de la veuve, Jacques, prendrait la jeune Louise Adam à l'ascenseur du Château Frontenac pour l'emmener à l'appartement qu'il partage avec sa mère.

Le jeune notaire est tout aussi embêté par ce rendez-vous obligé que la secrétaire montréalaise.

Mais, souvent par la suite, ils ont raconté à l'unisson que les portes de l'ascenseur s'étaient littéralement ouvertes sur un coup de foudre.

Dès son retour à Montréal, Louise écrit à Jacques, lui envoyant une photo prise pendant leur «tour d'auto», resté célèbre, car réalisé dans une brume épaisse, ce qui aura donné à mon père une formidable occasion de faire valoir sa verve descriptive.

Au mois d'avril, ils se sont revus à quelques reprises et Louise espère une «déclaration», on le sent dans son journal.

Il semble que la déclaration soit venue car, le 27 avril, elle écrit d'un ton nouveau, plus intime. Alors que les premières lettres débutaient par «Bonjour Jacques», puis par «Mon cher Jacques», celle-ci commence par «Mon cher grand».

Elle a relu trois fois la lettre qu'elle vient de recevoir, son cœur explose et elle ne s'en cache pas: «À la fin de ta lettre tu marques: "je te suis présent". À cela je répondrai: je te sens présent. À tout moment, au milieu d'une lettre (ou d'un certificat d'enregistrement de cheval!), ou en essuyant la vaisselle (eh oui! même dans la cuisine!), je relève la tête et je pense: Jacques existe; peut-être pense-t-il à moi comme moi à lui. Et je retourne à mon occupation avec plus d'entrain, avec le goût de faire mieux.»

On comprend ensuite qu'il lui a parlé d'un malaise, un vertige qui l'aurait fait tomber: «Ma grande peur, justement, c'est que tu sois obligé de regarder en bas pour me voir : c'est ça qui donne le vertige. Si tu sentais que je deviendrais vite cause de diminution pour toi et qu'il vaudrait mieux que je redevienne immédiatement "la-fille-d'un-ami-de-mon-père-que-je-vois-quand-je-vais-à-Montréal-mais-pas-plus", il faudrait me le dire simplement et au plus vite, n'est-ce pas ? »

Jacques est assez intelligent et sensible pour savoir qu'il ne sera en rien diminué par cette femme, qu'il la regardera d'égale à égal et qu'ils s'élèveront ensemble. La demande en mariage suit rapidement.

En juin 1959, quelques mois avant les noces, le père Hamel attend leur visite à Saint-Benoît-du-Lac.

Il avertit ma mère qu'il a l'intention de se faire discret : « Il faut qu'il sente que vous êtes à lui sans partage… que vous n'avez pas de meilleur conseillé [sic] que lui, et que lui, de son côté, a le pareil en vous. »

Le même mois, Louise écrit à son fiancé : « J'avais toujours dit qu'il me faudrait admirer pour aimer. Et maintenant je dis : je n'étais pas trop difficile, puisque j'ai trouvé exactement ce que je cherchais. »

3

J'ai envie de croire que ma mère ne s'est pas trompée en épousant ce grand jeune homme maigre aux yeux noirs. Évidemment, cette pensée relève, en partie du moins, d'un certain égocentrisme dans la mesure où je suis l'un des trois fruits de cette union.

S'est-elle trouvée heureuse de la vie construite avec Jacques ? Pour le savoir, il faut se transporter après que les trois fruits en question ont quitté le verger. Que reste-t-il de ce couple ? Où en est cette femme ?

À 60 ans, maman est à peine enrobée, porte des pantalons démodés la semaine, mais des robes cintrées et bien coupées le dimanche. Elle lit beaucoup, fait de longues marches dans le parc avec papa, cuisine des repas appliqués, mais sans passion, s'accomplit en bénévolat, s'abonne au théâtre avec sa sœur Françoise ; bref, elle profite sereinement d'une retraite confortable sans être flamboyante.

Elle a 63 ans à la naissance de ma fille, la dernière de ses six petits-enfants.

Je n'avais dit à personne que nous envisagions d'avoir un autre enfant, cinq ans après l'arrivée de notre fils. Je revois les larmes jaillir des yeux de ma mère à l'annonce de cette grossesse : une joie la prenant par surprise, une immense bouffée d'émotion.

À l'arrivée de ma fille, maman fut parfaite : rose de bonheur, s'affairant aux petites choses des « relevailles », comme elle disait, cajolant la petite, mais sachant rester discrète, attentive au garçon de près de six ans qui, désormais, n'était plus enfant unique.

Cette maman-là, je l'ai connue encore quelques années.

Elle se plaignait parfois de sa mémoire et avait entrepris de faire régulièrement des mots croisés comme gymnastique mentale. Mais elle était toute là, gardant le fil de nos vies, s'informant, toujours heureuse qu'on la visite. Jamais donneuse de leçons, mais capable de passer un message sans complaisance si elle me sentait désemparée par un de mes enfants.

Puis elle a été fatiguée, de plus en plus souvent, de plus en plus intensément. Papa s'en désolait, lui qui fourmillait d'idées de camping et de randonnées curieuses.

Maman a eu un homme exigeant et actif dans sa vie, je lui accordais pleinement le droit d'être fatiguée, de résister par la fatigue, d'exiger un peu de calme en se coulant dans de longues siestes.

Alors, c'est avec agacement que j'écoutais mon père déplorer la lassitude intense de sa femme, me parler de ses petits oublis : un article de ménage mal rangé, une course faite en double, une brassée de lavage abandonnée. Ce type de rapport approximatif avec le monde concret me ressemblait et je refusais de voir que, si tout cela était familier pour moi, c'était profondément anormal pour ma mère.

À la fin de la soixantaine, on a évoqué les symptômes d'une dépression. Maman avait vécu quelques deuils rapprochés, famille et amies. Elle avait subitement quitté son travail bénévole en soins palliatifs, démobilisée par un climat qui avait changé. Et surtout, cette fatigue persistait.

Le diagnostic de dépression aurait pu cerner le portrait. Mais ce n'était pas ça.

Maman commentait à peine ses oublis et ses trous de mémoire. Quand elle s'y voyait confrontée, quand on glissait le détail manquant, elle avait un genre de « ah oui ! c'est ça… » légèrement et peut-être faussement détaché.

Elle allait avoir 70 ans lorsque j'ai soudain eu la certitude que quelque chose clochait sérieusement.

Au hasard d'une échographie abdominale, le fils de ma sœur Agnès venait d'apprendre, à 17 ans, qu'il n'avait qu'un seul rein : erreur de fabrication… Nouvelle surprenante et difficile à oublier pour une grand-maman attentionnée.

Sachant qu'Agnès l'avait mise au courant, le lendemain j'ai dit à maman, en parlant de mon neveu : « Quel choc pour lui, quand même ! »

En l'entendant me demander de quel choc je parlais, j'ai figé : ma mère, ma vraie mère avec un cerveau intact, n'aurait jamais oublié un fait aussi peu banal. Mon déni à moi venait de prendre fin.

Elle a continué de composer avec son état, observée silencieusement par ses proches.

Mais un jour, quelques mois plus tard, elle a finalement brisé le cadre.

Un rien, un détail insignifiant, échappé, devenu insaisissable.

Un de trop, sans doute.

C'était en avril. Incapable de se rappeler quel manteau elle avait porté tout l'hiver, ce trou l'a tout à coup fait paniquer. Elle s'est jetée dans les bras de papa en disant simplement : « J'ai peur. »

Le lendemain, elle était incapable de se rappeler ce qui garnissait depuis des années la grande boîte à fleurs de la galerie : des plants de tomates cerises.

Encore une fois ce cri : « J'ai peur. »

Elle a été examinée, évaluée, traitée : les antidépresseurs autant que les médicaments destinés à ralentir la progression de la maladie d'Alzheimer sont restés impuissants.

Environ tous les quatre mois, elle voyait une neurologue. Une femme brillante et agréable qui savait prendre le temps sans en perdre.

Souvent, ma sœur Geneviève accompagnait nos parents pour les aider à gérer l'information reçue et à poser les bonnes questions. Une fois, j'y suis allée à sa place.

La neurologue reprenait une batterie de tests très simples : mouvements des membres évaluant l'égalité, la symétrie, l'équilibre. Remarquant encore une fois que le tonus du côté gauche diminuait, que l'équilibre était de plus en plus précaire, elle a noté un mot suivi d'un point d'interrogation sur une feuille : « corticobasal ? ».

Plus tard, elle revenait sur un constat de plus en plus clair : ce n'était pas l'Alzheimer, ou alors pas du tout dans une forme typique. Je lui ai demandé ce qu'elle avait griffonné en examinant maman : « Corticobasal. Un syndrome rare, une dégénérescence du cerveau qui affecte les mouvements et l'équilibre en plus de la mémoire. Mais, en fait, peu importe : que ce soit celle-là ou une autre, ça ne changera rien, il n'y a pas de traitement... »

C'était celle-là. L'évolution des mois suivants allait le confirmer.

4

En juillet 2013, je me rends à Verdun, un arrondissement ancien qui borde le fleuve au sud-ouest de l'île de Montréal. Au centre d'un vaste parc parsemé d'arbres immenses, on trouve l'Institut universitaire en santé mentale Douglas ; c'est là que j'en apprendrai plus sur la dégénérescence cérébrale dont ma mère est morte en mars 2012.

Je fais d'abord un détour par le quatrième étage du pavillon Perry, le pavillon central, où est installée la Banque de cerveaux de l'Institut, officiellement nommée « Banque de cerveaux Douglas–Bell Canada ». J'ai rendez-vous avec Mme Danielle Cécyre, qui en est la coordonnatrice. C'est avec elle que ma sœur Geneviève a préparé le don du cerveau de maman. La banque doit assurer une veille 24 heures sur 24, sept jours sur sept, pour que le prélèvement et le transport d'un cerveau se fassent en moins de 24 heures après le décès.

On nous avait recommandé de poser un sac de glace autour de la tête de maman, assez rapidement après sa mort, une consigne importante quand le lieu du décès ne possède pas de morgue ni de chambre froide. Elle portait ce drôle de chapeau bleu pâle évoquant à la fois l'auréole et le bonnet de pâtissier lorsque je l'ai embrassée une dernière fois. Nous étions tous d'accord pour prendre ces précautions afin que ce cerveau atteint d'une pathologie rare puisse au moins servir à quelque chose…

C'est l'entreprise funéraire qui a fait un détour par l'hôpital Maisonneuve-Rosemont, un des centres hospitaliers qui effectuent le prélèvement des cerveaux donnés. L'opération se fait délicatement, par l'arrière de la tête, et ne laisse pas de trace visible.

Quatre employés seulement gèrent tous les aspects de cette banque de près de trois mille cerveaux, qui fournit environ mille échantillons de tissus cérébraux par année à des chercheurs du Canada, des États-Unis, d'Europe et du Japon.

À l'arrivée au laboratoire, les deux hémisphères du cerveau sont séparés et l'un d'eux est fixé dans le formaldéhyde. Par la fixation, on bloque les phénomènes de décomposition pour préserver l'anatomie et les tissus du cerveau et, du même coup, on les rend plus rigides, donc plus faciles à manipuler.

Me voilà dans ce laboratoire tout simple. Je vois une glacière dans un coin. Puis j'approche de la cage en verre où le cerveau qui vient d'arriver est pris en charge. Je ne peux m'empêcher de penser que celui de maman, il y a à peine plus d'un an, est passé sur cette même table entourée de parois de vitre. Étrangement, je ne ressens aucun dégoût, plutôt une émotion heureuse. L'impression d'un minipèlerinage sur un itinéraire important. Sur la table, un conte-nant en plastique solide, du genre qu'on utilise pour ranger un gros sandwich.

Mme Cécyre, biochimiste de formation, n'hésite pas à enfiler une paire de gants et à sortir de ce contenant plein de formol la moitié d'un cerveau reçu récemment. Il est bien fixé, légèrement caoutchouteux. Elle le manipule avec soin, le retourne pour me montrer l'hippocampe, cette zone particulièrement prisée des chercheurs, car on y découvre beaucoup sur les mécanismes de l'apprentissage, entre autres. Aussitôt l'examen sommaire terminé, l'hémisphère fraîchement découpé et immergé attendra son tour dans une armoire gardée sous clé. Il devra être soumis à une étude neuropathologique : même si un diagnostic a été établi avant la mort, il faudra absolument le confirmer par un examen *post mortem*, histoire de ne pas lancer un chercheur sur une fausse piste en fournis-sant un échantillon mal identifié. Une moitié du cerveau de maman patiente dans cette armoire ; on manque de neuropathologistes au Québec. Près de cinq ans passeront sans doute avant qu'on reçoive une copie du rapport d'autopsie, envoyée aux proches qui en font la demande.

L'autre hémisphère de chaque cerveau donné est coupé en tranches d'un centimètre d'épaisseur. Celles-ci sont congelées rapidement à moins 40 degrés Celsius, puis conservées dans des congélateurs calibrés à moins 80 degrés.

Mme Cécyre ouvre pour moi un de ces immenses appareils à double épaisseur de portes. Elle me montre un bac plein de sacs de plastique soigneusement numérotés, contenant ces escalopes d'un blanc rosé délicat. C'est la véritable couleur du cerveau, semble-t-il. Quand on parle de « matière grise », on évoque plus, à mon avis, la couleur que prend le tissus cérébral dans le formol. À la Banque de cerveaux, on parle plutôt d'« or gris » : une matière capitale pour la recherche sur tous les aspects de l'humain, car c'est de là que tout part. Ces spécimens congelés serviront principalement aux recherches biochimiques et de biologie moléculaire, qui nous plongent dans la génétique, cette échelle infiniment petite, mais désormais fondamentale pour toute la recherche médicale. Les tranches que j'ai vues seront redécoupées en fines lamelles, utilisées avec parcimonie : la moindre parcelle pourra servir.

En regardant le ciel bleu de juillet par la fenêtre, les grands arbres du parc de l'Institut Douglas, en sentant la présence du fleuve tout près, je me dis que c'est bien ce qu'il fallait faire, que le cerveau de maman repose au bon endroit. La Banque de cerveaux transforme la mort en potentiel de vie.

Je descends ensuite au deuxième étage pour rencontrer le Dr Judes Poirier, un chercheur et spécialiste de la génétique des maladies neurodégénératives. Il va m'apprendre un tas de détails scientifiques passionnants sur la dégénérescence corticobasale (DCB), mais sera tout aussi intéressé par l'aspect humain.

La DCB est une maladie particulière, dans la mesure où elle touche à la fois le cognitif et le mouvement. C'est un peu comme si on mélangeait l'Alzheimer et le Parkinson. Ces deux maladies sont fréquentes, bien connues, étudiées, traitées par des médicaments qui vont aider à en atténuer les symptômes. Mais la DCB, même si elle présente des signes qui font penser à ces deux *stars* du vieillissement, ne répond aux médicaments ni de l'une ni de l'autre.

Du côté de la maladie d'Alzheimer, la piste génétique fait des avancées spectaculaires, entre autres grâce aux travaux de l'équipe du Dr Poirier. Pour le Parkinson, certaines causes environnementales sont de mieux en mieux connues. La DCB, infiniment plus rare (on parle de cinq à sept cas sur cent mille individus), est beaucoup moins étudiée. On ne lui trouve pas de cause génétique pour l'instant et le Dr Poirier semble penser que les quelques recherches importantes faites à ce jour peuvent quasiment exclure une piste génétique claire.

Ce qui est certain, pour cette forme de démence comme pour toutes les autres, c'est que le processus commence une ou deux décennies avant l'apparition des premiers symptômes.

En revenant de l'Institut Douglas, je penserai à cette longue période sournoise en regardant des fourmis charpentières se promener sous une maison. Elles grignotent le bois, se fraient un chemin. Au début d'une démence, un réseau de galeries souterraines se creuse dans le cerveau. La structure tient le coup, rien n'y paraît tout de suite, mais la maison s'affaiblit.

Ma conversation avec le Dr Poirier m'a fait relire quelques années de la vie de maman différemment, ces années « pré-symptômes ». Alors qu'on avait associé, dans la famille, le début de la maladie à ses premières pertes cognitives, il m'a fait comprendre les ravages précoces de la DCB comme maladie du mouvement.

Quand il mentionne les problèmes de mouvement, je lui dis, catégorique : « Ma mère a eu très peu de tremblements. Ses premiers symptômes ont été du côté cognitif. »

Il laisse passer.

Plus tard, je lui demande à quoi peut être associée cette immense fatigue que maman a ressentie dans la soixantaine, cette fatigue qui nous a fait croire à une dépression.

Il hoche la tête en silence, puis glisse un seul mot : « rigidité ».

Rigidité ?

Oui, c'est la poigne méconnue et sous-estimée des maladies du mouvement. Beaucoup plus présente que les tremblements. Beaucoup plus envahissante. La rigidité apparaît avant les tremblements et charge le corps d'une tension épuisante. Elle est globale, ce qui, bizarrement, la rend difficile à reconnaître pour la personne qui en souffre.

Les images du Dr Poirier sont saisissantes : « Imaginez que vous tirez au poignet pendant des heures. Imaginez la fatigue découlant de cette énergie gaspillée dans la rigidité. Imaginez que vous pesez quatre cents livres… »

Mes yeux se troublent. J'entends maman qui, pendant des années, a dit : « Je me sens écrasée… » Cette incapacité à bouger, à s'activer, elle en était frustrée, humiliée par moments. Et nous, on cherchait dans la mauvaise direction, on se désolait. Une fois la maladie bien installée, la faire sortir du lit est vite devenu un combat contre la pesanteur rigide de son corps pourtant léger. Elle se sentait si lourde : le sommeil était la fuite idéale et le repos, plus que nécessaire.

Quand on s'intéresse aux maladies du mouvement, on plonge le regard vers une petite zone bien cachée au cœur du cerveau : le noyau basal et, plus exactement encore, un peu au-dessous de ce noyau, un point gros comme le bout du petit doigt nommé « substance noire ». C'est là que se joue tout le contrôle de nos mouvements fins et c'est là que, parfois, les neurones se détraquent et finissent par mourir. La maladie de maman a probablement commencé là. Cette atteinte précoce de la substance noire a provoqué chez elle des ennuis très variés, dont une incontinence urinaire légère, puis de plus en plus marquée. Le Dr Poirier explique le lien : le contrôle du sphincter urinaire relève, étrangement, de la motricité fine. De petits muscles doivent agir de manière précise. Même chose pour la déglutition, activité bien plus complexe qu'on le pense : si je décide d'avaler volontairement alors que j'ai la bouche vide, c'est fou la quantité de petites contorsions qui s'opèrent dans ma langue, dans le bas de mes joues et dans ma gorge.

Beaucoup de ces commandes neurologiques restaient donc bloquées dans le noyau du cerveau de maman. Voilà pour le «basal». Mais la couche externe du cerveau, le cortex, est elle aussi atteinte, d'où le nom complet : «dégénérescence corticobasale». Le cortex, c'est la mémoire de travail, le fonctionnement pratique, le jugement, le raisonnement, la sensibilité et tant d'autres choses encore.

Quand on observe le comportement des personnes qui en sont atteintes, il y a deux formes principales sous lesquelles la DCB se présente : une forme agressive et l'autre qu'on dit apathique. Le Dr Poirier me confirme l'impression que nous avions : la forme que prend la maladie est souvent un prolongement, une amplification presque caricaturale de la personnalité réelle du malade. Maman présentait très clairement la forme apathique. Elle a gardé sa douceur, son calme, son humour tranquille, mais en étant graduellement dépossédée d'elle-même, aspirée par une immense torpeur physique et mentale.

Quelques femmes, dans mon entourage, ont traversé l'épreuve du cancer du sein. Elles ont été expédiées radicalement dans l'univers de la maladie, même si le cancer ne les rendait pas malades au moment du diagnostic. Opération, quasi-mutilation dans certains cas, traitement pénible en chimio ou en radiothérapie. Des trajectoires différentes, inquiétantes à divers degrés, qui balayent toutes les certitudes d'une vie. Elles ont vécu tout cela chacune avec sa personnalité, mais à un moment donné, à partir du point où il devenait évident que leur vie n'était pas en danger, elles ont toutes ressenti le besoin d'exprimer à peu près ceci : « Il y a moi et il y a le cancer. Le cancer n'est pas moi ; il ne doit pas me définir. Je ne dois pas me laisser envahir par l'idée du cancer. » Je les admirais d'avoir la force de poser cette distance et j'étais certaine que leur instinct les guidait bien.

C'est maintenant seulement que je mesure à quel point cette réaction est inaccessible aux personnes atteintes de démence. La sensation de la mort possible, si forte avec le cancer, leur est épargnée. Par contre, elles deviennent la créature de leur maladie. Celle-ci prend possession de leur état de conscience. Maman a eu la chance de ne pas vivre d'hallucinations, de crises de paranoïa ou d'agressivité, mais elle n'a pas pu « composer » consciemment avec la maladie ; la maladie l'a dissoute à petit feu.

5

On n'aura pas beaucoup parlé de ton état avec toi. On s'est vite entendus, avec mes sœurs, avec papa, sur l'hypothèse que la maladie avait embrumé assez rapidement la compréhension que tu avais de ce qui t'arrivait. Ça nous arrangeait peut-être de résumer les choses ainsi. Ça nous permettait de supposer que ta souffrance psychologique était minime.

Mais le Dr Poirier, tout en l'expliquant d'une manière plus scientifique, arrive à peu près à la même conclusion : la séquence de perte des cellules empêche, au fur et à mesure, qu'une conscience précise de la maladie s'installe.

Je voyais parfois un voile de tristesse sur tes yeux. Tu sentais que quelque chose clochait, mais sans avoir accès à l'inventaire de tes pertes.

Heureusement.

C'est en tout cas le scénario avec lequel j'étais capable de vivre.

Maman ne pouvait pas composer avec sa maladie ; papa, lui, le faisait à temps plein. Il lui en reste encore de la fatigue. Il doit aussi lui en rester des milliers d'images, de gestes répétés, d'impressions.

J'ai mon album de souvenirs à moi, beaucoup plus petit, mais avec ses scènes marquantes.

Juillet 2010, à la campagne pour quelques jours.

Maman a 75 ans et elle a perdu peu à peu, au cours des cinq années précédentes, la plus grande partie de son autonomie. Mais elle lit encore beaucoup, allant et venant dans le même roman sans se lasser.

Après sa mort, j'ai rapporté au chalet son exemplaire d'*Orgueil et préjugés* de Jane Austen. Couverture rose avec gravure d'époque, ramollie par ses douces mains passées par là beaucoup trop souvent. Ce roman, elle l'avait lu ou relu chez moi, puis il l'a accompagné jusqu'à ce qu'elle ne lise plus du tout. Depuis, ma fille s'est plongée dedans : maman lui a ouvert la porte de Jane Austen, comme elle m'avait ouvert, dans mon adolescence, celles de Marguerite Yourcenar et de Gabrielle Roy.

Elle n'a jamais eu à militer pour la lecture ; elle lisait et s'y trouvait si bien qu'on avait envie de faire comme elle.

En revenant de l'école, on la cherchait parfois : « Maman ? Ma-a-a-man ? »

On entendait soudain, de loin, un vague « hmmmm ? »

… Et on finissait par la trouver dans une de nos chambres, assise à terre, l'aspirateur arrêté à côté d'elle, plongée dans un de nos livres.

Un après-midi de pluie, l'été à la campagne, c'était une orgie de lecture générale, à en oublier l'heure des repas.

Maintenant, à 75 ans, maman oublie l'heure des repas en lisant. On pourrait croire que rien n'a changé, sauf qu'elle ne peut plus faire à manger et ne sait plus trop ce qu'elle lit.

J'ai accepté de goûter le côté comique-absurde de certains moments. En ce mois de juillet 2010, elle a apporté un essai intitulé *Le Dalaï-Lama parle de Jésus*. Cette fois, pendant son séjour, j'ai vu le signet bouger de manière logique et régulière, du début vers la fin. La veille de son départ, il reste à peine trente pages avant la fin du livre. Je la sors de sa lecture pour le lunch et j'en profite pour lui demander : « Qu'est-ce qu'il a tant à dire de Jésus, le dalaï-lama ? »

Du tac au tac elle me répond : « Je ne sais pas ; il n'en a pas encore parlé. »

Je souris, étonnée : « Ce serait le temps qu'il en parle, le livre achève ! »

On sort un jeu de société. Bizarrement, si je lui rappelle les règles à chaque tour, elle peut encore me battre, parfois.

Un soir, avec ma mère et ma fille devant une planche : il faut placer des formes de couleur de façon stratégique pour occuper le terrain et empêcher les autres d'avancer. Ma fille et moi échangeons quelques commentaires en jouant. Maman chantonne sans arrêt, jouant sans beaucoup d'application ; elle est tout sauf guerrière, ne l'a jamais été. Peu à peu, nous réalisons qu'elle saisit au vol le premier mot lui permettant d'entonner une chanson.

Moi à ma fille : « C'est à ton tour ! »
Maman chante : « Gens du pays, c'est votre tour… »
Ma fille : « J'ai bloqué ta route ! »
Maman chante : « Sur la route de Berthier… »
Moi : « De ce côté-là, tout va bien. »
Maman chante : « Tout va très bien, madame la marquise… »

De vieilles chansons. Que du léger, que du joli.

Cette voix de tête est restée pure et juste jusqu'au bout. Chanter avait toujours été une seconde nature pour elle, en cuisinant, en marchant, en voiture, c'était un plaisir physique omniprésent.

Au début de l'adolescence, nous avions eu une période intolérante devant ce répertoire désuet. D'un ton boudeur, on lançait : « Chante pas, maman ! »

Mais par cette soirée d'été, en 2010, chaque chanson nous fait sourire, ma fille et moi.

On se promène de moins en moins loin, car ton équilibre se déconstruit et ton pied gauche traîne la patte de plus en plus. Tu t'arrêtes souvent devant une jolie fleur, une maison colorée ou une pierre imposante. Tu oublies de repartir et je finis par t'entraîner doucement.

Un jour, impatiente et pleine d'une énergie impossible à dépenser à son rythme, je la précède de quelques mètres pour cueillir des framboises en l'attendant. En me retournant, je la vois avancer lourdement, les traits tirés par l'effort, et je comprends soudain que même ces petites promenades achèvent.

Parfois, je fais des travaux et lui confie des tâches simples, mais jamais tout à fait assez simples pour qu'elle puisse les faire de manière efficace. Maman mélange à nouveau les clous et les vis qu'elle vient de trier, elle taille en cure-dents une petite branche morte au lieu de couper ses voisines sur le tronc.

J'apprends à l'occuper, comme on occupe un enfant. Mais, alors que l'enfant est fier de réussir enfin ce qu'il était incapable d'accomplir une saison plus tôt, je mesure déjà ce qu'elle ne pourra plus faire d'ici une saison ou deux.

Par contre, des parcelles de sa mémoire fonctionnent toujours parfaitement. Elle trouve régulièrement un mot que quelqu'un cherche autour de la table : je l'entends encore glisser doucement « fluidité » ou « jachère ».

Des trésors de sa culture de lectrice lui sont aussi immédiatement accessibles. Elle aide mon fils, plongé dans un jeu vidéo sur les empires, à démêler les grandes maisons de France, Bourbons et Valois.

Au début de l'automne, nous faisons une dernière ascension du cap, avec Anne et Denis, un couple d'amis si gentils avec elle.

Sur le chemin du retour, son côté gauche s'affaisse, comme si tous les muscles du torse s'étaient transformés en gélatine. On la soutient, elle se laisse entourer ; pour elle, il n'y a dans ces gestes que de l'amour et de l'amitié.

Et cet étrange abandon de son corps lui fait simplement dire sur un ton comique : « C'est pas drôle, vieillir ! »

Ce ton léger, cet humour en coin, son cerveau en a gardé la manière même dans sa descente.

Après un souper, devant le désordre de la cuisine et la vaisselle accumulée, elle pouvait encore lancer : « Si on la cassait au lieu de la laver ? » Une blague de son enfance qui était passée dans notre patrimoine.

Cette femme a aimé être heureuse. Elle savait nommer le bonheur sans le faire fuir et sans, non plus, avoir la naïveté de croire à sa permanence possible. Elle mesurait qu'être bien, pouvoir rire, c'est une grâce à saisir, une raison d'être reconnaissante. Comme si la présence d'une zone d'ombre, au plus creux d'elle-même, imposait de saisir la joie quand elle passait, de la porter comme un flambeau.

Quand j'ai commencé à préparer le bain et à te laver, tout était doux. J'étais simplement pleine de gratitude, je bouclais un cercle en me penchant sur le bain, comme tu l'avais fait pour moi et comme je l'avais fait pour mes enfants. L'eau transforme la relation d'aide en rituel. La circulation de la vie s'y exprime.

Ton corps avait perdu son tonus, mais gardait de jolies formes : le mollet galbé, la cuisse encore ferme sous la fesse un peu fripée, les seins ni trop lourds ni trop vides, encore eux-mêmes. Dans l'eau chaude, tout devenait simple.

Mais j'ai eu des limites physiques.

Avaler la nourriture est graduellement devenu une tâche colossale pour elle. Pendant nos séjours à la campagne, je gérais de mon mieux, craignant l'étouffement, lui rappelant d'avaler, m'impatientant, lui offrant trop ou pas assez d'eau pour aider, tenant le coup en pensant à papa dont c'était maintenant le quotidien.

Plus tard, j'ai lâchement évité l'heure des repas au CHSLD, incapable de contenir l'affolement de mon propre estomac devant les coulées de purée.

On la nettoyait bien après les repas. Quand je la retrouvais, plus tard, avec des traces séchées sur le menton ou sur le bavoir, je savais que cette nourriture avait repris la sortie faute d'être comprise et avalée, après avoir tourné en rond dans sa bouche longtemps après son heure.

Je forçais le sourire, serrais les dents et la nettoyais en retenant un haut-le-cœur et en maudissant ma faiblesse.

Car la dignité dont on fait si grand cas, ce sont mon regard et ma faiblesse qui la lui enlevaient à ce moment-là.

Je crois avoir compris que c'est la souffrance, physique ou psychologique, qui dépossède vraiment l'humain de sa dignité. Maman en sécurité, maman exempte de souffrance physique et perdue dans une léthargie grandissante avait toute sa tranquille dignité, même avec un peu de purée séchée sur le menton.

Un regard dégoûté, où la pitié l'emporte sur l'amour, un regard agacé ou impatient ne fait pas le constat d'un manque de dignité; il est en soi une atteinte à la dignité.

Quand on entrait dans ta chambre, il y avait un premier effondrement. Celui de ton corps dont le côté gauche s'affaissait sur lui-même dans le fauteuil. Et puis, l'effondrement de mon courage devant la léthargie dans laquelle je te trouvais, plus ou moins dense selon l'heure, selon le jour.

Suivait le petit miracle : ton sourire quand tu nous reconnaissais. Le sourire qui redessinait tes traits si beaux, jusque dans les yeux qui s'allumaient.

Puis la voix, de plus en plus faible au fil des mois : « Bonjour, ma chouette ! »

Plus les mots se faisaient rares, plus tu nous touchais du bout des doigts, délicatement. Ta main droite restée obéissante et gracieuse, c'est avec ses doigts que tu caressais doucement l'arête de mon nez, effleurais un tissu attirant, frôlais ma joue.

Mon travail m'enchaîne aux mots, nécessaires pour créer des images à la radio. Tu me reposais des mots. Tu me rendais plus simple.

Me révolter devant ta maladie m'aurait fait manquer cette leçon de simplicité.

Il y a eu un soir, en août 2011, où maman voulait partir…

Je l'avais trouvée au lit, en robe de nuit, à l'heure où elle aurait dû être emmenée à une activité.

18 h 45 : la nuit s'annonçait longue.

« Ça va ?

— Aussi bien que ça peut aller ici.

— Qu'est-ce qui se passe ? »

Un silence.

« Aussi bien que ça peut aller ici » : maman semble étonnée de ce qu'elle vient de dire, ses yeux bougent de gauche à droite, les sourcils se froncent légèrement. Quelques mots amers… Elle ne se reconnaît pas.

On ne peut pas dire qu'elle a toujours refusé ou détesté l'amertume, elle a simplement vécu hors de l'amertume, sans affectation, sans détestation, simplement ailleurs. Elle a voulu s'en protéger et, peut-être encore plus, nous en protéger.

Je repose la question : « Ça va, maman ? »

Ça lui permet de reprendre la scène selon le rituel familier, comme si je venais d'arriver : « Bonjour, ma chouette. Ça va. Et toi ? »

Plus tard, on a observé la lune, pleine moins une poussière. J'ai mentionné y voir son visage.

Maman au lit à 18 h 45, c'était un choc. Mais son visage avait soudain une plénitude rare, comme la lune. Détendu sans être affaissé. La gravité avait simplement moins de prise sur ses traits à l'horizontale qu'à la verticale. Elle ne luttait plus contre son corps sans tonus, elle s'abandonnait, et cet abandon nouveau la libérait.

Les yeux prenaient de l'importance, plus mobiles et plus présents.

Le constat était terrible : être assise était devenu trop exigeant pour elle.

Je me réjouissais de ce beau visage disponible, de cette bouche moins lourde qui ne bavait plus. Mais je savais aussi qu'on encaissait les pertes récentes et que ces heures de plus passées au lit allaient ouvrir la porte aux prochaines pertes.

Venue en vélo, j'ai évoqué l'idée de repartir avant la pleine noirceur.

« Quand tu vas partir, je vais partir avec toi.

— Ce ne sera peut-être pas facile : je suis venue en vélo !

— Je vais partir, moi aussi.

— Mais où voudrais-tu aller ?

— Je sais pas, mais je vais partir.

— Partir… à l'appartement avec papa ou dans le ciel avec la lune ?

— … Partir…

— Tu sais, à l'appartement, la vie serait pas très facile… C'est mal organisé pour tes déplacements… puis papa aurait de la difficulté à prendre soin de toi, là-bas.

— …

— Je pense qu'il est un meilleur prince charmant quand il vient te voir ici. »

Un large et beau sourire : « Ça, c'est vrai ! »

J'avais évité d'explorer avec elle l'autre départ, vers le ciel et la lune. Je me demande encore comment elle aurait réagi. J'aurais peut-être capté un désir de mort, tout aussi étranger à sa nature que l'amertume.

6

C'était l'hiver, février peut-être, en 2004.

Ma mère avait 68 ans et, si elle se plaignait souvent de la fatigue, les grands ravages de la maladie n'avaient pas commencé.

Un samedi après-midi comme il y en avait encore à l'époque, j'avais emmené les enfants glisser dans le parc devant chez mes parents. Une petite butte près de la rivière des Prairies : facile pour les enfants de remonter la pente, juste assez de vitesse pour qu'on y croie, sans les risques et périls des sommets urbains. Ça me permettait, bien installée en haut, de jaser avec maman, coordonnant les départs, les choix de traîneaux et la composition des équipages. De temps en temps, j'enfilais quelques descentes, remontant à la course pour me réchauffer, tirant ou poussant un enfant au passage.

Ce jour-là, en haut de la colline, le tourbillon autour de nous a semblé disparaître pendant que ma mère me racontait, simplement, l'histoire la plus terrible et la plus étonnante de sa vie.

Elle m'a d'abord parlé d'un voyage dans les Cantons-de-l'Est, fait avec papa, pour visiter la vieille Claire, qui avait été la bonne de la famille pendant toute son enfance. Elle voulait vérifier de vieux souvenirs, m'a-t-elle dit.

Puis, sans que je demande quoi que ce soit, elle a enchaîné.

À la fin des années quatre-vingt, peu avant que mes parents déménagent de Québec à Montréal, ma mère avait consulté une ostéopathe pour tenter de soulager son intestin irritable et douloureux, vieux compagnon de route qui, par moments, lui faisait la vie dure.

Un jour, lors d'une manipulation un peu plus intense dans son ventre, elle a soudainement explosé en larmes. Des sanglots incontrôlables, à gros bouillons, les spasmes d'une peine immense et immensément enfouie. Le commentaire posé de l'ostéopathe l'a frappée : « On vient de toucher à quelque chose de très profond. »

Dans les heures qui ont suivi le traitement, des images troublantes ont traversé son esprit, aussi incisives que fugitives.

Elle se revoyait, très petite, à cinq ans, dans une maison peu familière, à Upton. La famille Adam avait loué cette résidence durant l'été 1940 et y avait logé, le temps de rénovations effectuées sur leur maison d'Acton Vale.

Elle se voyait seule avec un homme à l'identité floue ; elle allait comprendre plus tard qu'il s'agissait peut-être d'une connaissance de son grand-père, un parent éloigné ou un ouvrier. Quelle que soit l'identité exacte de cet homme, il faisait ressurgir un grand trouble. Elle se rappelait que ses visites s'étaient interrompues peu après.

Autre image : elle se voyait marchant dehors avec son père. Le père, la tenant par la main, posait des questions étranges dont le sens échappait à la petite fille. Il semblait inquiet, mais se voulait aussi rassurant. Un sourire triste ; voilà ce qui s'était imprimé au plus profond de sa mémoire d'enfant.

Avec cette première vague de souvenirs, maman a eu l'intuition forte et douloureuse que l'homme inconnu, dans la maison louée, avait agressé sexuellement la toute petite fille qu'elle était.

Ensuite, dans les semaines suivant le traitement ostéopathique, maman s'est rappelé une scène précédant son mariage : un examen médical prénuptial.

Sa mère avait tenu à l'accompagner et à parler en privé au médecin avant qu'il examine sa fille. Elle avait prétexté une question à poser concernant une de ses sœurs, mais maman avait alors senti qu'on lui cachait quelque chose.

Suivait un épisode plus familier, mais qui prenait un sens nouveau: son voyage de noces.

Un jeune mari puceau, sans doute nerveux, rencontrant une jeune femme pleine de désir et d'amour, mais complètement bloquée. Avec le recul et bien des lectures, maman parlait de vaginisme, une forte constriction involontaire du vagin.

Un médecin, consulté en plein milieu du voyage de noces, avait décrété toutes les parties en présence normales et fonctionnelles. Il avait souhaité de la détente et du bonheur au nouveau couple. Mais il avait aussi discrètement fait remarquer au marié que l'hymen n'existait plus et ne devrait donc poser aucun problème.

Fort heureusement, le jeune marié avait préféré se concentrer sur le succès de leur amour et ne pas se poser trop de questions sur l'hymen disparu sans laisser de traces de sang.

Mais voilà que 30 ans après son mariage, à la suite d'une manipulation ostéopathique, maman reliait l'énigme de sa lune de miel à l'image troublante d'un séjour dans une maison louée en 1940.

Les questions de son père, la disparition de l'homme mystérieux, la conspiration de sa mère avec le médecin avant l'examen prénuptial, tout ça lui montrait que ses parents avaient probablement su et l'avaient protégée du mieux qu'ils pouvaient à l'époque, mais sans lui en parler.

Françoise, ma marraine, est la troisième des six enfants dont ma mère était l'aînée. Elle s'est beaucoup occupée de maman pendant sa maladie, elle était auprès d'elle, avec mon père, au moment de sa mort. C'est une des rares personnes à qui maman avait raconté l'agression subie pendant son enfance et restée enfouie si longtemps. Elle-même avait à peine plus d'un an à l'époque. Mais en l'écoutant parler de leur famille, je vais comprendre que les parents de ma mère n'ont jamais oublié ce fameux été 1940.

Maman était délicate, menue, alors que ses sœurs, arrivées rapidement après elle, sont nées plus costaudes. Dans son journal, tenu à partir de l'âge de 16 ans, maman évoque très tôt des périodes de fatigue, de repos obligé par ses parents, pour un simple rhume, puis pour une mononucléose, qu'on va prendre très au sérieux dans la famille. Françoise me raconte en souriant que leur tante Marguerite, à 96 ans, parle encore de ma mère enfant en disant : « Louise, c'était une petite princesse ! On y faisait attention comme à un bibelot fragile. »

Chouchou ? L'aînée préférée et privilégiée ? J'en doute. Je pense plutôt à des parents développant un réflexe de protection élevée autour de cette enfant, sachant d'instinct que l'agression qu'ils avaient devinée l'avait probablement fragilisée. Une inquiétude silencieuse, mais intrigante pour l'entourage.

Une terrible ironie du sort me frappe en échangeant avec ma tante Françoise. Je découvre que les fameux travaux qui avaient forcé le déménagement temporaire de la famille, mettant ma mère sur le chemin d'un prédateur, consistaient à recouvrir la maison familiale de bardeaux d'amiante. Un matériau à la mode à l'époque. Isolant, ininflammable et... puissamment cancérigène. Or, ma grand-mère allait mourir à 51 ans d'un mésothéliome, le typique « cancer de l'amiante ».

Françoise se rappelle l'étonnement des spécialistes la découvrant victime de ce cancer étroitement lié à l'amiante. Mais aussitôt qu'elle avait mentionné le recouvrement de la maison, pour eux, le lien semblait clair.

C'est ainsi que je mesure le poids de tristesse et de culpabilité porté par les parents, à partir du moment où leur fillette de cinq ans a été agressée, pendant les travaux : symboliquement, c'est comme si ce cancer foudroyant de la mère en avait été l'expression ultime, 25 ans plus tard. Quant au père, il était mort moins d'un an avant sa femme : son cœur malade l'avait finalement emporté.

Mais maman n'a rien su pendant des décennies… jusqu'à cette fameuse séance d'ostéopathie qui a ouvert les vannes du secret enfoui dans son corps.

À partir de ce moment-là, elle y a beaucoup pensé. Elle a fini par en parler de manière indirecte à papa, lui disant qu'elle se posait des questions sur un incident de son enfance. Ses parents étant morts depuis longtemps, elle se demandait si quelqu'un avait pu conserver une bribe de souvenir qui confirmerait ce qu'elle avait entrevu. Elle a pensé à Claire, l'aide familiale inoubliable de toute sa jeunesse, toujours vivante. Papa a proposé de l'emmener chez Claire, installée à quelques kilomètres de la terrible scène, dans les Cantons-de-l'Est.

Dans son journal, maman évoque deux fois seulement cet épisode-choc de son enfance, sans jamais vraiment le raconter. En janvier 2001, elle parle de sa visite à la vieille bonne : « Ce soir, je voudrais laver une fois pour toutes mon problème de "souvenirs qui n'en sont pas". Je suis allée cette semaine, grâce à Jacques qui m'a offert de m'y emmener, demander à Claire si elle se souvenait de "quelque chose" qui se serait passé "dans le rang d'Upton" quand j'avais cinq ans. La réponse est non… À bien y penser, mes parents ne devaient pas souvent lui faire des confidences. Mieux vaut ne plus y penser. Ce que je retire du voyage, c'est la gentillesse de Jacques, qui me l'a offert. Comme j'ai dit en sortant de chez Claire : je cesse de regarder en arrière pour me concentrer sur le présent et le futur. »

Beaucoup de guillemets… On dirait qu'elle s'applique à douter d'elle-même, qu'elle veut tourner ses souvenirs en dérision, tout en constatant que l'ignorance de Claire était somme toute prévisible.

Mais dès l'entrée suivante, en mars 2001, on voit bien que tout n'est pas si simple. Elle mentionne la visite d'une cousine accompagnée de son père, un oncle du côté paternel : « À la page précédente, je parle de cesser de regarder en arrière mais c'est difficile…

P. et moi avons parlé du passé et j'ai mentionné le nom de son oncle R., mais sans oser aller plus loin dans les circonstances. J'ai quand même appris que c'était un vieux garçon et je ne peux pas m'empêcher d'y voir un indice que mes doutes sont sans doute fondés… »

Le récit de maman m'a habitée depuis ce jour d'hiver où elle me l'a fait.

Mais, étrangement, j'ai rarement pensé à l'agresseur, qui semble se profiler dans ce passage. En principe, la réparation doit passer par la dénonciation du coupable. Dans l'histoire de maman, celui-ci est vite évacué : son identité demeure floue et il est certainement mort depuis longtemps.

Ma tante Renée, la deuxième de la famille, m'a livré un tout petit morceau de souvenir qui pourrait évoquer un autre agresseur potentiel : un ouvrier engagé pour les travaux de la maison d'Acton, mais qui fréquentait les Adam à Upton. Renée, bien petite en 1940, a un souvenir très précis lié à cet homme : le goût de la laitue assaisonnée de citron et de sucre ! Elle me dit s'être toujours rappelé que cette salade particulière était l'idée de l'ouvrier. Un « homme engagé » qui aurait gagné la confiance de la famille, voilà une autre piste, mais tout ça demeure bien mince.

Ma mère a d'ailleurs voulu croire, brièvement, que ses souvenirs n'en étaient pas.

Mais voilà : maman se plaignait régulièrement de son manque d'imagination. Quand on était petites, tout jeu qui demandait un élan d'imagination était une torture pour elle. Elle prenait un air piteux, épuisé, et tentait vainement de trouver une réponse ou une répartie vite expédiée avec un soupir.

Elle aimait trop l'authenticité et la vérité pour jouer.

Maman n'a pas pu inventer cette histoire terrible.

Pas de traces, non plus, d'une intervention extérieure qui a pu lui « suggérer » l'agression. L'ostéopathe avait employé des mots neutres, « on vient de toucher à quelque chose de très profond », lui laissant le soin de faire ses propres découvertes.

Non, je ne pense pas à l'agresseur, je pense à l'horreur de son action, inscrite dans la chair de ma mère.

Car son corps lui a parlé de cette agression toute sa vie.

49

urait

ts

7

Quand j'ai abordé l'écriture de ce récit, je suis tombée malade à plusieurs reprises en quelques mois.

Me voilà avec un immense rhume de la fin décembre qui n'en finit plus : une sinusite pénible et l'oreille droite complètement bouchée m'accompagnent pour commencer l'année.

En marchant vers la pharmacie, bien emmitouflée sous un soleil froid et sans vent, je pense à maman qui souffrait souvent de sinusites.

Je revois son petit canard chinois en vitre : un bain nasal pour faire circuler de l'eau salée dans les voies respiratoires, partout où c'est désagréable mais bienfaisant. Un instrument de torture à mes yeux, mais dont elle avait compris l'utilité après avoir fait le tour des décongestionnants chimiques et de leurs limites, ce qui m'est arrivé au cours des dernières semaines.

Je la revois, jamais plaignarde, mais souvent en manque d'énergie, souvent importunée par un petit ou un grand mal : sinusite, tension artérielle volatile qu'il fallait surveiller de près, douleurs cardiaques, douleurs à l'intestin, migraine, gaz douloureux dans l'estomac pour lesquels elle croquait des comprimés de charbon de bois (quelle héroïne tout de même ! J'ai déjà essayé le charbon de bois… c'est infâme).

À l'automne, j'avais aussi passé une fin de semaine immobilisée par un virus étrange : un peu de fièvre, des maux de tête et une douleur vive à l'intestin. Je me suis surprise à prononcer une phrase que j'avais entendu maman dire si souvent : « Je sens mon côlon, ça fait mal à chaque pas.» J'avais profité de ces deux jours pour écrire, bien assise dans mon lit, des passages délicats de mon récit.

Alors, sous ce soleil de janvier, le nez dans mon foulard, un peu faible, étourdie par la lumière et le froid, il me vient soudain une idée : peut-être que je me mets dans le corps de maman pour écrire sur elle.

Voilà.

C'est tiré par les cheveux, ésotérique, ça n'a pas de bon sens, mais le fait d'établir ce lien fait qu'il existe. La théorie est bancale, mais l'expérience est réelle.

Je suis dans un corps éprouvé, temporairement.

Maman a passé sa vie dans un corps éprouvé définitivement.

Feuilleter le dossier médical de ma mère, c'est faire face à une énigme bien documentée. Quand elle avait 58 ans, le médecin de famille qui l'avait suivie pendant des années a dressé un bilan à l'intention d'un collègue qui allait prendre la relève. Bilan un peu lourd pour une non-fumeuse au poids santé qui consommait de l'alcool en quantité homéopathique. Il parle d'un état de santé « relativement bon », tout en faisant la liste des « épisodes de maladie » qu'elle a connus : huit ont nécessité une hospitalisation et elle a subi cinq chirurgies au total.

À la fin du dossier, le médecin mentionne que sa patiente évoque d'elle-même une difficulté à gérer un stress profond. Il précise l'avoir dirigée vers un spécialiste du « training autogène », une technique de relaxation basée sur l'autosuggestion et réputée efficace dans le cas de maladies psychosomatiques. Le médecin note que ma mère semble percevoir une diminution de certains symptômes grâce à cette méthode.

Ce travail sur la gestion du stress, maman s'y est mise à l'époque où elle venait de redécouvrir l'agression; elle n'en a vraisemblablement pas parlé à son médecin, mais elle y pensait assurément.

L'épreuve subie dans son enfance avait longtemps été oubliée, mais son corps en parlait, son corps exprimait régulièrement un inconfort. Il réagissait à l'agression refoulée comme à un corps étranger.

Le canal d'expression le plus intense a certainement été son ventre. Souffrances en tous genres : diarrhées fréquentes, diverticulites à répétition, occlusion intestinale avec des complications ayant exigé deux chirurgies d'urgence. On lui a un jour résumé le tout en un diagnostic: le syndrome de l'intestin irritable, qu'on appelle aussi «syndrome du côlon irritable» ou «colopathie fonctionnelle». Elle a suivi les recommandations: fini le vin, pas trop de café ni de thé, attention aux petits fruits, au maïs frais, aux tomates du jardin et à mille autres choses délicieuses. Le pire, c'était de la voir se priver et subir quand même régulièrement les foudres de son intestin.

C'est au hasard d'une conversation avec une amie que j'allais apprendre une information capitale: 50 % des femmes aux prises avec un côlon irritable ont été antérieurement victimes d'agression sexuelle. Cette information, reçue à peine quelques mois après que maman m'a révélé son secret, a été un électrochoc pour moi. J'ai éclaté en larmes et, pour la première fois, j'ai été prise d'un désir de vengeance. C'est à ce moment-là que j'ai commencé à comprendre combien cette agression avait accompagné maman toute sa vie.

*
* *

Début septembre 2013, j'ai rendez-vous à Eastman, au bout du lac Orford, sur une presqu'île en forme de butte au sommet de laquelle se trouve la maison biscornue et créative du Dr Ghislain Devroede.

J'arrive quelques minutes à l'avance et révise mes notes dans la voiture. Un homme très grand sort sur le perron et reste debout, attentif et immobile. Temps frais pour la saison. La pluie de la nuit a laissé la végétation à fleur de peau, mais les gouttes suspendues brillent d'un soleil qui s'impose pour la journée. Temps vif, appelant l'ouverture. Au premier regard échangé, je sais que je suis devant un explorateur de vérité humaine et que je ne pourrai pas me contenter de poser des questions polies et intelligentes. Nous allons chercher ensemble.

Après tout, mon hôte a écrit, entre autres, *Ce que les maux de ventre disent de notre passé*[*]. Le titre, déjà, parle de ma mère, et ce que j'y ai lu m'est littéralement rentré dans le ventre.

Je lui demande d'abord de me raconter ce qui a fait de lui le médecin atypique qu'il est.

D'origine belge, le Dr Devroede a choisi le Québec après un détour par les États-Unis. L'Université de Sherbrooke, alors en plein développement, l'a accueilli à bras ouverts en 1968 ; il y a fait carrière comme professeur titulaire de chirurgie. Surspécialisé en chirurgie colorectale, bien établi comme scientifique pur et dur, il a un jour fait le constat suivant : « Si vous poussez la science au maximum, vous ne pouvez pas éviter la psychosomatique. »

Dès 1981, il sent le besoin « d'évaluer la personnalité des constipés ».

Premières inquiétudes dans son milieu : avec la personnalité, on touche au subjectif, terrain interdit en médecine ! On s'affole encore plus quand il part en congé sabbatique, au milieu des années quatre-vingt, pour aller se perfectionner en psychophy-

---

[*] Payot & Rivages, 2002.

siologie, faisant valoir à ses patrons que trop de choses demeurent inexplicables par la science. Pourquoi tant de souffrances du tube digestif demeurent-elles incompréhensibles sur le plan médical? Pourquoi tant d'opérations sur des patients souffrants s'avèrent-elles inutiles?

Il part en disant : « J'ai besoin de mettre la boîte noire dans le système. » Il reviendra formé pour mener des entrevues de type psychanalytique, technique qu'il va dès lors utiliser avec ses patients affectés de problèmes intestinaux inexpliqués.

Des confidences faites spontanément par des patientes sévèrement atteintes de colopathie lui avaient déjà permis d'établir un lien entre agression sexuelle et douleurs abdominales. Peu à peu, il se rend compte que, pour ces patientes, toute palpation ou, à plus forte raison, tout examen rectal risque d'être perçu, symboliquement, comme une nouvelle agression.

Il a alors l'intuition de leur donner très clairement le choix de ne pas se prêter à l'examen. Dans certains cas, ce pouvoir redonné à l'ancienne victime aura un effet presque miraculeux : disparition des diarrhées chroniques, fin de la constipation et des douleurs.

Maman, tu as vu combien de médecins, chirurgiens, spécialistes qui, tous de manière bien légitime et professionnelle, t'ont soumise à un examen plus ou moins intrusif?

Selon le Dr Devroede, c'est souvent l'entrevue analytique qui déclenchera une catharsis émotive libératrice. Encore là, il y aura parfois guérison sans autre intervention médicale.

Entre-temps, dans les hautes sphères de la médecine officielle, on se méfie du Dr Devroede ; à mots couverts, on le traite d'obsédé sexuel, on forme un comité chargé de surveiller ses faits et gestes.

Cependant, au tournant du XXIe siècle, une série d'études (entre autres celles de l'Américain Douglas A. Drossman) confirmera qu'environ 50 % des femmes aux prises avec un côlon irritable ont déjà été agressées sexuellement. Le Dr Devroede précise que dans près de 70 % des cas, les abus sont survenus avant l'âge de 14 ans. À l'époque où ces études ont été menées, on a évalué que 90 % des médecins suivant ces patientes n'étaient pas au courant des agressions subies.

Je demande à Ghislain Devroede si ces données sont maintenant bien transmises dans la formation des médecins. «Oui, mais ils ont souvent peur devant cette réalité. On préfère m'envoyer ces patientes avec comme nom de code "syndrome de Drossman".»

Pourquoi l'intestin devient-il le canal d'expression des traumatismes?

«Vous me poussez dans mes retranchements!» répond le médecin en souriant.

En fait, il n'y a pas d'explication scientifique précise à ce constat, le Dr Devroede est le premier à le reconnaître. On parle de corrélation, pas de lien de cause à effet, nuance capitale sur laquelle il insiste beaucoup. Il en profite pour glisser que l'appareil urinaire peut, lui aussi, se dérégler en mode «réactif», tout comme le vaginisme peut devenir une autre réponse de défense du corps. Mais un constat s'impose : ces systèmes sont tous liés, à leur base, par ce qu'on appelle le plancher pelvien, dont les muscles sont intimement interreliés. Au vaginisme, contraction involontaire du vagin, correspond d'ailleurs une autre réaction du même ordre : l'anisme. Cette contraction involontaire de l'anus est détectable à l'examen. Pour le Dr Devroede, ce signal indique la pertinence d'explorer verbalement la piste de l'agression sexuelle. Les chiffres qu'il avance sont frappants : un patient présentant de l'anisme est dix fois plus susceptible d'avoir été victime d'abus...

Sexualité et analité sont proches parents dans nos corps. L'agression et la réaction du corps voisineront aussi.

Par ailleurs, mon hôte me rappelle que l'intestin le plus normal réagit au stress en se contractant. L'intestin irritable se contractera simplement trois fois plus.

Bonjour les dégâts !

Nous sommes chez des amis ou au musée, ou dans un grand magasin ; la scène s'est répétée plusieurs fois. Je te vois, toujours bien mise, souriante, la tenue « en ordre ». Puis, affolée, tu nous fais comprendre en chuchotant nerveusement que tu dois trouver une toilette d'urgence. Je te vois en ressortir, le visage soucieux, déformé par la douleur ou par la honte d'un « petit accident ». Tu restais discrète, gérant le tout à la perfection mais, quelquefois, il fallait rentrer plus vite à la maison. Tu allais t'étendre, épuisée, désolée.

Me voilà songeuse, replongée dans la souffrance de ma mère. Courte pause silencieuse dans le flot de mes échanges avec le Dr Devroede. Il prépare des œufs brouillés au saumon fumé. À sa demande, je suis sortie cueillir, devant sa maison, des capucines tardives pour éclairer nos assiettes.

Dès nos premiers échanges de courriels, j'avais exposé les grandes lignes du cas de maman à Ghislain Devroede. Il s'était montré immédiatement ouvert à une rencontre et avait proposé ce brunch, puisque je passais la fin de semaine dans la région de Sherbrooke. Je lui avais dit pouvoir me contenter facilement du pain de la veille, ce à quoi il m'avait répondu : « Ce n'est pas parce que votre mère a été abusée que vous devez manger du pain rassis ! »

Loin d'être scandalisée, j'avais éclaté de rire. Mais j'avais aussi senti là une allusion au phénomène « transgénérationnel », qui l'intéresse beaucoup.

On étudie de plus en plus l'hypothèse qu'une blessure non résolue puisse se transmettre, parfois sur plus d'une génération, avec des manifestations surprenantes ; la douleur semble dotée d'une imagination féroce pour ressurgir. Elle est la pointe sensible, agissante, d'un souvenir encapsulé dans l'inconscient. En une image, on peut dire que le Dr Devroede a « déconstipé » bien des jeunes enfants en intervenant sur un traumatisme appartenant au parent.

J'ai raconté comment j'ai fait l'expérience, involontaire et temporaire, du corps éprouvé de ma mère. Épisode bref mais marquant qui m'a permis de mesurer combien mon plancher pelvien a la chance de vivre en paix.

Mais comment écarter l'idée que la blessure de ma mère ait laissé des traces chez mes sœurs et moi? Pourquoi l'écarter, puisque nous sommes le produit infiniment complexe d'un bagage mystérieux? Elle nous aura au moins fait le cadeau de son secret, livré sans hargne.

Le lendemain de notre rencontre, je reçois un courriel du Dr Devroede :

« Je me permets de vous faire quelques commentaires à propos de notre long échange.

« Sur l'atmosphère de notre rencontre :

« J'ai été très touché par l'intensité de votre quête. […] Nous avons, je crois, été tous les deux transparents, alors que nous ne nous étions jamais rencontrés, et je crois que les échanges ont été empreints de l'authentification mutuelle.

« Sur le contenu de notre conversation :

« Je ne suis pas certain d'avoir capté la raison profonde de vos interrogations sur ce qu'a vécu votre mère. Vous avez manifestement bien lu mon livre sur les maux de ventre. Lu *verbatim*, mais aussi entre les lignes, et cela me touche, car j'ai mis beaucoup de moi, corps et âme, dans tout ce que j'ai écrit. […] Cela me permet de soupçonner, à tort ou à raison, que derrière votre questionnement de la relation entre démence, colopathie fonctionnelle et abus sexuels en bas âge, il y a un autre univers qui vous attire et vous fascine. Mais je suis peut-être à côté de la plaque... »

Je reste songeuse. Il a sans doute raison ; c'est pour tenter de le savoir que j'écris.

Alors qu'elle était enceinte de moi, maman a fait un rêve qui l'a beaucoup perturbée : l'enfant qu'elle portait se faisait frapper par une voiture vers l'âge de deux ou trois ans.

Dès mon plus jeune âge, elle a reconnu les yeux noirs de l'enfant de son rêve et m'a avoué être restée craintive pendant quelques années. Comme je suis facilement distraite sur un trottoir, on m'a à quelques reprises sauvé la vie, m'attrapant brutalement par le collet pour m'éviter le pire.

Une belle image du lien mère-enfant : on a beau y mettre l'amour inconditionnel, le respect, travailler à créer la confiance puis à trouver la bonne distance, nos fils et nos filles sont intimement, organiquement inscrits dans un fil de vie où figure de l'irrationnel.

À mon humble souvenir, j'ai été une enfant sombre.

Maman avait l'habitude, devant nos premiers dessins, de nous demander ce qu'on avait représenté et de noter l'information au verso. J'ai beaucoup ri le jour où on a ressorti ces grandes feuilles rendues croustillantes par la gouache séchée. Mes œuvres d'enfant s'intitulaient « Des perroquets qui mangent des fils électriques », « Un fantôme qui mange un perroquet », « Des fantômes qui mangent des fantômes ». Si, vu de loin, cet imaginaire me semble comique, j'y trouve aussi la petite personne tourmentée que j'étais.

Je me revois cachée sous mon lit à l'heure de la sieste, me mettant à l'abri d'un bourreau imaginaire. Je me rappelle l'angoisse effrayante qui habitait chaque minute d'attente si mon père rentrait plus tard que d'habitude.

Je suis donc surprise et ravie de voir maman noter dans son journal, pendant l'été de mes cinq ans, qu'elle m'a entendu dire : « Nous avons réussi notre vie. »

Cinq ans, c'est l'âge auquel tu as été agressée. Peut-être, ce jour-là, ai-je célébré, sans le savoir et sans que tu le saches, la chance de m'être rendue là intacte ?

J'ai le souvenir d'avoir certainement gagné en lumière en avançant vers la puberté, cet âge où d'autres se referment. En fait, chaque fragment d'autonomie que j'acquérais participait à mon épanouissement : j'avais un étrange besoin de contrôler ma vie.

Je me rappellerai toujours mon premier désir d'affranchissement. Toute petite, j'avais aimé le goût du thé noir sucré. J'avais le droit d'en boire un peu, seulement le dimanche, et c'était devenu une image de mon bonheur futur : un jour, je pourrais me faire une tasse de thé quand bon me semblerait.

Pas cher comme fantasme de liberté ; j'en ai connu de plus compliqués et de plus coûteux à assouvir par la suite…

Puis, à 13 ans, de ça je me souviens bien et je le trouve noté dans le journal de maman, j'ai enfin été assez contente d'être sur cette terre pour lui offrir un cœur en coton que j'avais cousu, rembourré de pin odorant et brodé de quatre mots : « Merci pour la vie ».

Ma mère m'avait peut-être fabriquée avec une petite cicatrice laissée par sa propre blessure inconsciente, mais elle a manifestement su, dès mon plus jeune âge, créer une zone d'amour assez forte pour me protéger de son trou noir.

8

Maman avait le cœur d'une girafe.

Spectaculaire et gracieuse, la girafe a besoin d'un cœur énorme. Un cœur surpuissant qui défie la gravité en pompant le sang jusqu'en haut, vers cette jolie tête bien perchée pour brouter la couronne des arbres.

Spectaculaire et gracieuse, la girafe est aussi discrète, semble ne pas s'étonner de sa miraculeuse condition. Elle mugit si peu souvent qu'on l'a longtemps crue muette.

Discrète et dotée d'un fabuleux mécanisme d'adaptation, surdouée du cœur, c'est ainsi que je vois ma mère.

Comment as-tu pu devenir une femme aussi aimante? Comment as-tu pu déployer une sensibilité aussi saine et inspirante?

Je te revois goûter, toucher et sentir avec sensualité.

En vacances aux Éboulements, il y avait ce petit chemin qui descendait vers un ruisseau. Souvent, on l'empruntait le soir pour aller veiller chez des amis, apportant une lampe de poche pour le retour. Pas une seule fois ma mère n'est descendue vers la coulée sans s'arrêter pour sentir avec gourmandise. Il y avait là, c'est vrai, un mélange unique de parfums feuillus et humides qui est demeuré, pour elle, aussi prenant chaque fois.

Pareil, chaque année, pour les pommiers en fleurs, et le lilas, et le parfum du basilic. Pareil, chaque automne, pour la beauté d'un feu de foyer. Pareil aussi pour le goût des lychees au restaurant chinois, ou celui du café frais moulu : chaque fois, c'était bon.

Son cœur savait jouir de la vie.

Toute jeune, elle avait fréquenté et aimé les lacs et les forêts des Cantons-de-l'Est comme espaces de vacances et de liberté. Au tournant de l'âge adulte, le père Hamel a joué pour elle un rôle très particulier, l'éveillant à un contact plus sensuel avec la nature. Presque chacune de ses lettres se termine par un commentaire sur l'évolution des saisons autour du monastère de Saint-Benoît-du-Lac.

En mai : « La nature est entièrement conquise par le vert, un vert plein d'alacrité, d'allégresse, un vert qui s'impose. Par tout ce vert, la forêt respire, se livre à des échanges vitaux et nous en recevons bien notre part si nous allons vers elle d'un cœur ami. »

Un peu avant l'anniversaire de ses 22 ans, en mai 1957, maman se voit offrir une dédicace particulière : « La plante qui va vous personnifier est l'amélanchier. […] Il fleurit avant que les feuilles ne soient encore dépliées. Le fruit est aimé des oiseaux, surtout du jaseur des cèdres. Vous aimerez cet arbuste menu, flexible, le premier à fleurir le printemps. »

L'automne qui suit : « La campagne est une flamme vive, une allégresse pourpre. »

Puis l'hiver venu : « De la neige hier et aujourd'hui, ce qui bleuit les eaux et dessine en blanc les accidents d'un terrain dépouillé. Je vous offre ce petit tableau de beauté, à vous à qui le beau parle une langue mélodieuse. »

Ce bénédictin était décidément amoureux de la nature… et peut-être un peu de ma mère ! Jamais, au fil de ses dizaines de lettres, on ne trouve le moindre mot déplacé. Mais sa façon de voir, de plus en plus, sa chère Louise dans les beautés de la nature finit par ressembler à une grandiose sublimation.

En juin 1958 : « Je vous offre cette belle et ruisselante lumière, ce torrent d'or dont la nature s'enchante comme d'une caresse amoureuse. »

Puis un peu plus tard, en novembre : « À cette époque de l'année, dépouillée comme elle l'est, il est facile de se diriger dans la forêt, alors que l'été, c'est pratiquement impossible. L'anatomie du sol apparaît au premier coup d'œil. [...] C'est un peu comme un être aimé dont on prend conscience des charmes en les détaillant. Ô beauté de la nature, toujours nouvelle, toujours présente, offerte à la possession du regard ! Bonjour Louise, vous êtes comme une forêt très souvent arpentée. »

Après la mort de maman, mon père a lu toutes ces lettres avant de me les prêter. Aucune trace de suspicion à cette lecture ; il a été frappé par la grande affection que le moine avait pour sa femme, l'admiration qu'il manifestait pour sa sensibilité, sa finesse d'esprit. Maman avait présenté son Jacques au bénédictin dès le printemps 1959. Mes parents venaient de s'avouer leurs sentiments réciproques (et « sérieux », comme on disait à l'époque), et l'étape suivante, c'était l'approbation du père Hamel.

J'irais même plus loin. Convaincue que le père Hamel n'a jamais posé le moindre geste déplacé, j'ai l'impression que mon père lui doit beaucoup... Là où la perversion de bien des religieux a fait des désastres, je pense que ma mère a eu la chance de trouver quelqu'un qui a vraiment contribué à son épanouissement.

Dès le début de leur correspondance, il lui dit qu'elle doit chercher à se développer, à connaître : « Soyez exigeante pour vous-même. Ne vous contentez pas de peu, puisque vous êtes capable de beaucoup. [...] Quand vous aurez des enfants, vous serez leur principale éducatrice, celle qui comprend parce qu'elle sait. Le savoir, en effet, écarte les étroitesses et les incompréhensions. »

Cette nécessité de comprendre inclut la sexualité. « L'ignorance est un manque ; la vertu, une richesse. Bien loin de s'identifier, ignorance et vertu sont donc plutôt contraires.» Il mentionne que «les livres écrits pour renseigner les jeunes sont généralement insuffisants et mêlés de restrictions et de mises en garde». Il lui recommande plutôt ceux des «gardes-malades et peut-être de médecine». Le bénédictin m'étonne plus encore quand il poursuit ainsi: «Mais pour l'étude du jeu des passions, des circonstances qui les expliquent, des causes des chutes ou des préservations, rien ne remplace la lecture des grands romans dans lesquels des psychologues, qui étaient en même temps des artistes, ont consigné leurs expériences et leurs observations.»

Les grands romans pleins de passion? Des romanciers psychologues?!

Audacieux, tout de même.

Bien entendu, la sexualité doit s'inscrire dans le mariage. Mais même si l'on tient compte de cet impératif (assez compréhensible dans les années cinquante), l'ouverture du père Hamel est frappante: «Le corps, en aucune de ses parties, n'est péché. […] L'acte sexuel, entre les époux, comme marque, signe et terme de l'amour total de leur être, est un acte intrinsèquement bon […]. Voir la grandeur de cet acte, c'est avoir pour lui le respect que l'on a pour tout ce qui est grand.»

Voilà, je pense, le deuxième petit miracle pour l'enfant blessée qu'était, sans le savoir, cette jeune Louise. D'abord, il y avait eu l'amour et la protection des parents, dès leur conscience de l'agression. Puis une ouverture positive à la sensualité, à la sexualité, par un homme de foi intègre et profond.

Deux miracles pour l'époque; les sévices sexuels étaient sans doute beaucoup plus souvent traités par le déni de l'entourage. Les jeunes victimes avaient aussi fréquemment l'occasion de retrouver sur leur chemin un nouvel agresseur, trop souvent protégé par une aura religieuse. Mais il faut croire que la «grande noirceur» portait aussi quelques taches de lumière.

Maman a su, à son tour, nous parler de sexualité comme d'une chose belle et importante.

Bien entendu, elle a longtemps espéré que ses filles découvrent la sexualité « dans les liens sacrés du mariage ».

Dès notre tendre enfance, on a eu entre les mains un livre qui expliquait assez clairement l'origine des bébés. Mais toute littérature d'éducation sexuelle de l'époque commençait à peu près par ces mots : « Quand un homme et une femme sont mariés… »

C'était l'équivalent du « il était une fois » des contes, mais ça voulait surtout dire « il sera une fois, mais pas avant ».

Naïve, je croyais que toute intimité sexuelle était « physiquement impossible » hors mariage.

Heureusement, Janette Bertrand était déjà à l'œuvre : un épisode de *Quelle famille !* avait semé la stupeur chez nous. En refermant le téléviseur, il avait fallu que maman nous explique, avec précaution, comment il était possible qu'une jeune fille d'environ 16 ans soit enceinte sans être mariée…

J'avais peut-être huit ans, et tout mon imaginaire autour de la sexualité allait prendre un nouveau tournant. Je savais désormais que le chemin n'était pas aussi simple que je l'avais cru jusque-là.

Mais le chemin s'avérait aussi beaucoup plus intéressant : j'ai senti que j'allais être concernée par la sexualité bien avant de me marier !

Un passage du journal de maman, datant du début des années quatre-vingt, montre qu'elle a effectivement dû s'adapter à des mœurs bien différentes de celles qu'elle avait connues. Mes sœurs et moi avions entre 16 et 19 ans et nous fréquentions des garçons. Elle s'inquiétait un peu de nos petits amis, espérait qu'on fasse des choix éclairés et qu'on évite les écueils, puis elle ajoutait : « Le père Hamel dit que nous avons fini d'élever nos enfants et que tout ce qui reste à faire, c'est de les aimer et de garder un bon contact avec elles.»

Encore une fois, la sagesse *cool* du bénédictin est remarquable.

Oui, maman avait fait l'essentiel de sa tâche.

Sentant devenir illusoire son rêve de «mariage en blanc», elle avait bien sûr évoqué la contraception. Mais dans une conversation marquante, elle avait choisi de me transmettre un autre message important. J'avais peut-être 17 ans et un amoureux plus âgé; à 21 ans, il étudiait au Conservatoire, mais gagnait déjà sa vie en jouant du piano dans quelques restaurants et cafés de Québec. J'allais l'écouter, charmée par son talent, par son corps expressif au piano, embrumée par le jazz bleuté de son trio.

Maman aimait bien ce garçon qui pouvait reprendre n'importe quel air sur le piano familial: un don qui l'a toujours fascinée et que je n'avais pas du tout. Elle sentait le courant sensuel qui se développait entre nous.

J'apprenais l'intimité physique sans avoir encore fait l'amour.

«La première fois, m'a-t-elle dit un soir, il faut être avec quelqu'un de bien, quelqu'un en qui tu as confiance et qui t'aime vraiment. La première expérience peut être difficile... Tu sais, moi, avec ton père, je l'aimais, je le désirais, mais j'étais complètement bloquée. La pénétration était totalement impossible. Il a été patient et on est passés à travers ce problème ensemble.»

Maman... en me parlant ainsi, tu ne savais même pas ce qui t'avait paralysée, mais tu tirais de cet événement le meilleur de ce qu'une mère pouvait dire à son adolescente, à l'époque.

Elle a réussi à ne pas transmettre ses blocages à ses filles, mais pas à vivre elle-même une sexualité complète, hélas!

À 22 ans, maman avait demandé au père Hamel de lire son journal intime. En décembre 1957, il lui rapportait que cette lecture l'avait conforté dans la très bonne opinion qu'il s'était faite d'elle, « d'où l'attention particulière que je vous ai portée, vous jugeant susceptible de profiter plus que d'autres d'encouragements et d'aides ».

Mais il faisait une observation très intime et étonnante : « Vous êtes féminine, sensible, maternelle, mais vous n'êtes pas sensuelle. Partant, votre mari devrait être plus sensible à la part d'esprit que le sensible incarne, aux valeurs morales, sentimentales, aux valeurs proprement humaines. »

Qu'avait-il remarqué ? Le voile de moralité dont la jeune Louise se protégeait pour résister aux avances des garçons ? Ou le fait qu'à 17 ans, elle se trouvait déjà elle-même un peu compliquée ? « Il faut aussi que je détermine au plus vite la cause de ceci : quand un garçon s'intéresse à moi, il m'agace ; quand je m'en suis débarrassée, je le regrette. »

Le frein, plus que l'abandon ; voilà ce que le bénédictin avait peut-être senti.

Mes doigts hésitent : ça semble tellement inapproprié d'évoquer la vie sexuelle de ses parents… Et pourtant, récemment, papa s'est ouvert à moi avec une générosité et une confiance touchantes. L'abandon d'un homme de 83 ans, toujours en deuil de sa femme, qui n'a plus rien à cacher.

Après l'avoir lu, c'est lui qui m'a confié le journal de maman. Elle y fait une allusion, dans la quarantaine, à son manque d'appétit sexuel : « J'ai parlé à Jacques de mes difficultés (de façon générale) en février 1977, à Rougemont. Il a fait des efforts merveilleux pour m'accepter mieux depuis et le climat de la maison est "presque" au beau fixe. Je lui ai parlé, à nouveau, la semaine dernière, de mon manque d'appétit sexuel. Je voudrais que mon désir réponde au sien, comme mon amour répond à son amour (et de son amour je

suis certaine!). Peut-être suis-je trop exigeante en vieillissant…
En tout cas, je trouve plus honnête de l'avoir mis au courant. Et
peut-être trouverons-nous une solution.»

Son mari, lui, parle d'une femme aimante, chaleureuse, mais
souvent absente ou distante dans la sexualité.

Pourtant, dans certaines lettres que maman lui a écrites alors
qu'ils étaient éloignés l'un de l'autre pour quelque temps, je trouve
des traces de désir, le besoin d'un rapprochement physique.

À 36 ans, elle fait une deuxième mononucléose (chose très
rare) qui impose une sérieuse convalescence. Elle se retire dans une
auberge aux Éboulements.

Un soir, elle lui écrit: «Nous nous sommes parlé il y a une heure.
Nous nous sommes donné les nouvelles. Je t'ai même dit que je n'avais
pas envie de me séparer de toi, façon de te dire que je t'aime…
Oui, mais pas suffisante pour me calmer!

«Vois-tu ce qui m'arrive: depuis jeudi soir, […] j'ai lu *Kamouraska*
au complet… une sorte de poème d'amour, écrit dans une langue
magnifique. Pas très édifiant… sauf si l'on a un mari que l'on aime
et sur lequel on projette tous ces flots de beaux mots. Je crois donc
connaître la cause du sommeil agité de mes deux dernières nuits!…

«[…] Dans l'attente du moment où nous serons de nouveau
ensemble, où tu me serreras très fort dans tes bras (tu sais, quand
nous sommes debout, face à face, comme soudés l'un à l'autre…).
Dans l'attente du moment où je serai guérie et pourrai me donner
à toi tout entière.»

D'accord, on n'est pas devant un sulfureux «sexto»… Mais
pour moi, il est clair que ma mère fait allusion aux magnifiques
scènes érotiques du roman d'Anne Hébert et à l'effet qu'elles ont
sur elle.

Mon père est songeur quand j'évoque cette lettre : « Oui, elle pouvait avoir un élan physique vers moi. Elle s'engageait dans le rapprochement des corps, y mettait de l'amour… puis semblait se figer. »

Une phrase de papa me saisit : « Les rares fois où elle a joui véritablement et profondément, sa réaction a été d'une incroyable intensité. Elle pleurait abondamment, me remerciant et me serrant très fort dans ses bras. »

Mais je mesure encore mieux l'ampleur du blocage sexuel de sa femme quand papa me confie, avec de la tristesse et beaucoup de pudeur, qu'elle n'a jamais connu de lubrification vaginale naturelle…

Ignorant tout sur le sujet au moment de son mariage, mon père avait peu à peu glané de l'information sur la sexualité féminine. Mais il avait dû admettre que, malgré tous leurs efforts, ce mécanisme naturel de base qu'est la lubrification ne s'activait pas.

Le médecin consulté pendant le voyage de noces avait donné un onguent analgésique, lubrifiant par nature, pour atténuer les douleurs des premières relations. Des tubes de vaseline, puis de lubrifiant plus adéquat ont accompagné toute leur union.

Une phrase de David Servan-Schreiber me revient. Il décrit les séquelles profondes laissées par une agression sexuelle : « La femme qui a été violée continue de se sentir bloquée lorsqu'elle se retrouve au lit avec l'homme qu'elle aime, même si l'affection qu'elle lui porte et son désir d'intimité physique ne font aucun doute dans son esprit[*]. »

On dirait qu'il parle de toi…

J'enrage ! À cinq ans, on t'a volé la plus belle part de ta vie sexuelle de femme.

---

[*] David Servan-Schreiber, *Guérir le stress, l'anxiété et la dépression sans médicaments ni psychanalyse*, Robert Laffond, 2003.

Tu l'auras goûté trop rarement, ce bonheur, juste assez pour le communiquer à tes filles et juste assez pour mesurer ce qui t'échappait, pour mesurer la part d'abandon indispensable qui te manquait.

9

Maman aurait pu choisir de garder en elle ce qui remontait de très loin, mais son instinct l'a emmenée à le confier à ses filles. En me racontant l'histoire de ses cinq ans, elle m'avait dit en avoir déjà parlé à Agnès. Je lui avais suggéré d'en faire autant avec Geneviève. Il me semblait qu'il valait mieux distribuer ce poids également. Une fois réparti, il s'avérerait peut-être moins corrosif.

La femme que ma mère est devenue a été modulée, entre autres, par cet événement terrible. Il ne fallait pas chercher à tout relier à cela, mais il fallait sans doute réinterpréter certains aspects de sa vie.

J'ai d'abord pensé à mon père. Cette relecture m'a permis d'être plus juste envers lui. Maman avait trouvé le mari « d'un idéal transcendant » que lui recommandait le père Hamel. Par contre, dès ses fiançailles, elle avait compris qu'il n'était pas l'homme le plus détendu ni le plus simple...

Quelques mois avant le mariage, elle lui avait écrit : « En somme, n'aurais-tu pas un petit don spécial pour te compliquer la vie et voir de futurs problèmes là où il n'y a que des choses simples à prendre au jour le jour pour en tirer le meilleur parti possible ?

« J'embrasse le front derrière lequel s'abrite ce petit don et je souhaite une bonne nuit à mon cher grand compliqué. »

Oui, il fallait, au quotidien, payer le prix de son exigence et de son perfectionnisme. Transcendant, il l'était vraiment et l'est encore dans tous les moments graves et significatifs de la vie. Les grandes difficultés, les vrais obstacles ont toujours trouvé un homme posé, sensible et plein de jugement. Malheureusement, la transcendance et le perfectionnisme devenaient parfois – souvent – bien lourds quand il s'agissait de cirer un plancher ou de tondre le gazon : la méthode, la pédagogie de la méthode et le contrôle de l'application de la méthode me rendaient un peu folle, je l'avoue.

Mon père aurait dû écrire des romans ; ses rêves, qu'il pouvait souvent nous raconter en détail, avaient l'étoffe d'une « Mission impossible » réalisée par Fellini. Mais son imagination était tout aussi délirante quand il décidait d'envisager les conséquences funestes d'une négligence. Une fenêtre du deuxième étage laissée entrouverte pendant une absence de deux jours pouvait être la cause à la fois d'un cambriolage spectaculaire et, en cas de pluie, d'une inondation menaçant la structure même la maison.

De façon moins comique, son perfectionnisme pouvait générer un stress capable de plomber solidement les préparatifs de Noël ou un départ en voyage.

À l'adolescence, j'avais fait de lui le grand coupable de tous les maux de ma mère ; migraines, douleurs au ventre, tout venait certainement de ce stress subi trop régulièrement. Elle aimait tant rire, délirer avec ses trois filles à l'heure où il fallait les expédier au lit. Je sentais mon cœur se serrer quand un nuage paternel passait. Je la trouvais héroïque de dire parfois, d'une voix sincère et sourde : « Jacques, calme-toi, tu exagères. » Il se calmait, ou changeait de pièce.

Il a été exigeant sur tous les plans.

Désirant une maison parfaitement organisée et entretenue, il s'en mêlait lui-même beaucoup. Gros travaux de nettoyage, bricolage et entretien en tout genre ; ses compétences étaient étonnantes pour un intellectuel.

Il avait besoin d'énormément d'attention, besoin de parler longuement de son travail avec cette femme intelligente et sage. Il souhaitait qu'elle continue d'évoluer, de se cultiver, qu'elle s'accomplisse ; cependant, il lui est arrivé de se plaindre que les activités de maman lui enlèvent trop de la disponibilité de sa compagne.

Mais cet homme a aussi été, je l'ai toujours su, un compagnon extraordinairement présent, fidèle, inventif et amoureux. Alors, quand j'ai découvert qu'il avait eu dans sa vie, à son insu, une femme « éprouvée », comprenant qu'il avait dû composer avec ses difficultés sexuelles, avec son ventre qui parlait d'un stress beaucoup plus grave et beaucoup plus ancien, j'ai eu un respect nouveau pour lui.

J'aurais aimé, pour eux deux, qu'il accueille la maladie de ma mère avec moins de tension, qu'il puisse profiter plus sereinement des dernières belles années avec elle. Très vite, il nous a parlé surtout des « futurs problèmes » au lieu d'y voir « des choses simples à prendre au jour le jour pour en tirer le meilleur parti possible ». Ça, c'était son don à elle.

Par contre, plus les problèmes devenaient réels, plus il s'avérait à la hauteur, d'un dévouement et d'un amour indéfectibles et agissants. Le deuil a fait de lui un homme plus fragile. Il est encore amoureux de sa Louise, ce qui me bouleverse. Il m'a raconté qu'en relisant ses lettres, avant de me les prêter, il lui était arrivé de se lever de son bureau et de tourner le coin du corridor vers le salon en disant : « Louise ? » Elle revivait si facilement pour lui qu'il pensait soudain pouvoir lui demander de déchiffrer un mot difficile à lire.

Il est reconnaissant de l'avoir eue comme femme : « Elle était fine. » Cette petite phrase souvent répétée, il l'allonge, il appuie tendrement sur l'adjectif, comme pour souligner toutes les finesses : la gentillesse, la finesse du corps et surtout celle de l'esprit.

Mon père, maintenant veuf, n'aspire pas à « refaire sa vie », juste à bien vivre celle-ci jusqu'au bout.

10

Maman a longtemps ignoré le fardeau qu'elle portait.

Elle n'en côtoyait que les symptômes, les cris de son corps.

Parfois, la laideur et la douleur sortaient d'elle sous forme sonore.

À l'intérieur de notre princesse, il y avait un crapaud…

Elle souffrait atrocement de gaz à l'estomac. Elle devenait pâle, les sourcils levés dessinant deux plis horizontaux sur son front humide. En public, elle faisait tout pour éviter le son, gérant la houle intérieure en souffrant. Chez nous, elle se retenait moins, sachant que le gaz libéré de son estomac pourrait la soulager.

Mais c'était la honte.

Un ado rote fièrement, poussant ses muscles abdominaux pour maximiser la pression d'air et le bruit, ouvrant la bouche pour choquer ou faire rire.

Maman laissait s'échapper le bruit affreux en fermant les yeux. Les sourcils plongeaient, se fronçant en une réprobation triste, aussi forte que le soulagement.

En la décrivant, je revis mon empathie mêlée de gêne. Le malaise profond devant cette tempête qui prenait possession de son corps.

Après une telle crise, elle restait fatiguée quelques heures, reprenant le fil de ses activités comme au ralenti.

D'où me vient cette impression de ralenti ? Intriguée, je remonte le temps, j'ausculte les lieux : le corridor partant de sa chambre, longeant la petite salle de bain, traversant la salle à manger et débouchant dans la cuisine. Son champ d'action le plus habituel en fin d'après-midi. Soudain, je la revois émerger de sa chambre pour venir vers la cuisine, fatiguée d'une crise, les pantoufles aux pieds. Le pas amorti et plus traînant. Voilà pour le ralenti : maman ne vivait jamais en pantoufles dans la maison. Toujours, le bas de nylon impeccable entrait dans une chaussure confortable, bien coupée et sans fantaisie. Mais la douloureuse crise de gaz l'avait obligée à s'allonger. En se relevant, remettre les chaussures était au-dessus de ses forces. Alors, le bas de nylon glissait dans une pantoufle inélégante mais apaisante.

Maman avait temporairement abdiqué sa fierté.

Un jour, elle avait 48 ans, ce ne fut pas une crise de gaz.

Un infarctus.

Petit.

Elle a tout de même quitté la maison en ambulance.

L'électrocardiogramme a capté les signes de détresse du cœur, on a appliqué le protocole entourant un infarctus. Mais tous les examens subséquents sont restés négatifs : ni artère bloquée, ni valve défectueuse, à peine le soupçon d'un début de cholestérol, pas la moindre trace de nécrose sur le cœur, cette marque normalement laissée par un infarctus.

Conclusion : un spasme profond avait perturbé temporairement ce cœur sans pathologie.

À l'époque, j'avais serré la mâchoire en pensant à mon père, jugeant avec sévérité qu'il était un facteur de stress sur deux pattes. Il traversait alors une période difficile. Ses trois filles avaient quitté la maison en moins d'un an et ses fonctions d'arbitre en relations de travail, dans la fonction publique, étaient subitement devenues moins intéressantes à la suite d'une réforme administrative. Il se plaignait constamment de pénibles maux de dos, et se plaignait aussi des médecins qui ne trouvaient rien pour les expliquer.

Oui, l'homme de sa vie était exigeant. Mais la réponse disproportionnée du corps de ma mère avait ses raisons.

J'ai raconté récemment cet épisode au Dr Alain Vadeboncœur, urgentiste à l'Institut de cardiologie de Montréal. « Tako-tsubo », m'a-t-il lancé avec assurance. Une affection décrite par des cardiologues japonais, liée à la décharge intense d'une hormone de stress, se présentant typiquement chez une femme d'un certain âge. On l'appelle aussi le « syndrome des cœurs brisés », car elle est souvent liée à un stress émotionnel important.

Maintenant, je vois dans cet épisode un autre signal du corps profond, du corps éprouvé.

Littéralement, un cri du cœur.

Quelques années plus tard, il y a eu la déferlante soulevée par un traitement d'ostéopathie.

Quand j'ai raconté cet épisode au Dr Devroede, sa réaction a été immédiate et admirative : « Ils sont forts, les ostéopathes ! »

Combien de temps a-t-il fallu à maman pour reconstituer le puzzle, à la suite de ce traitement ? Difficile à dire. Elle parle pour la première fois de son ostéopathe dans son journal en mai 1988, mais elle a fait son voyage dans les Cantons-de-l'Est avec papa, sur les traces de son histoire, seulement en janvier 2001. Impossible de déterminer à quelle vitesse les images ont surgi, à quel moment les liens se sont opérés durant cette longue période.

Mais revenons à l'ostéopathe. Après sa deuxième rencontre avec elle, maman a noté : « Mme D. est une psychologue-physiothérapeute-ostéopathe qui a fait des miracles pour Jacques. J'ai pensé qu'elle pourrait m'enlever mon faux pli! Il semble qu'elle va pouvoir faire plus. J'ai confiance en elle.»

Le «faux pli» dont elle parle, c'était sa façon de décrire l'inconfort permanent de son bas-ventre, accentué par l'opération récente d'une occlusion intestinale. Il semble donc que le travail se soit porté de ce côté rapidement.

Impossible de retrouver cette thérapeute qui a traité ma mère il y a 25 ans.

Alors, je me rends, par un après-midi pluvieux de novembre, chez Geneviève La, une magnifique danseuse devenue ostéopathe. Elle pratique depuis 2008 à Montréal, et j'ai su qu'elle connaissait bien cette expérience délicate de la réminiscence d'un traumatisme en plein traitement.

Geneviève m'accueille chez elle avec un thé chaud, près d'un mur plein de dessins faits par ses deux jeunes enfants. Avec elle, novembre n'existe plus. On sent immédiatement sa capacité de créer une bulle, d'écouter et de prendre soin.

Comment le dire autrement? Elle prend soin de mes questions.

J'ai besoin de comprendre comment une manipulation ostéopathique peut réveiller des souvenirs enfouis et comment la thérapeute peut réagir devant un patient en crise. Mais d'abord, comment se manifeste la crise?

Geneviève a vu des patients s'effondrer soudainement en larmes, comme ce fut le cas de ma mère, mais d'autres peuvent devenir confus ou se retrouver aux prises avec un accès de colère terrifiant.

Devant ces phénomènes, l'ostéopathe devra être à l'écoute, capable d'accompagner ce qui survient, de fournir le soutien nécessaire. Mais il saura, au besoin, diriger le patient en psychologie ou en psychiatrie, selon son état. «Ce qu'il faut éviter, me dit Geneviève La, c'est de plonger la tête la première dans l'expérience du patient, avec le danger évident de sortir de sa sphère de compétence tout en voulant bien faire. À l'autre extrême, il ne faut pas, non plus, minimiser ou même nier ce qui se passe sur le plan émotif en demeurant concentré exclusivement sur l'aspect biomécanique. »

Être à l'écoute est capital, dans la mesure où une réaction forte indique la présence, tout près, d'une zone marquée dans le corps. Une empreinte laissée par un traumatisme, autour duquel l'organisme a construit un système de défense et d'adaptation. L'ostéopathe pourra contribuer à déconstruire les défenses et à relâcher les tensions environnantes.

Geneviève commence par évoquer l'empreinte laissée par un traumatisme physique : un accident de voiture à haute vitesse. Dans le choc, le corps s'est enroulé autour d'un axe créé par la ceinture de sécurité. Geneviève pourra même « lire » dans les altérations anatomiques la dynamique de l'accident, savoir, par exemple, quelle position la personne occupait, conducteur ou passager, quel angle a pris la voiture…

Cette lecture s'opère, entre autres, dans la tension des tissus corporels. La violence du choc a déplacé certains tissus. Mais le corps compense : il faut bien que le regard se place à l'horizontale, même si cela exige une légère déviation du cou parce qu'il n'est plus tout à fait dans son axe originel. Il faut trouver une posture fonctionnelle, même si quelque chose est faussé. Le mécanisme de compensation, d'abord supportable, peut devenir lui-même cause de douleurs. Il faudra que l'ostéopathe trouve le centre lésionnel et qu'il lui redonne son état d'origine, pour que tout ce qui l'entoure finisse par se relâcher.

Geneviève La me raconte ensuite le cas d'un accident physique ayant laissé des traces émotionnelles. L'histoire d'un homme de 77 ans souffrant de plus en plus des séquelles d'une fracture du bras droit subie à l'âge de… sept ans ! L'ostéopathe a traité toutes les tensions profondes, travaillant sur les membranes interosseuses, les membranes entourant les muscles du bras, les liens entre ces tissus et le cou, les poumons, le cœur. En fin de traitement, sentant son bras renaître, l'homme a éclaté en sanglots. Ce bras lui appartenait complètement à nouveau. Du coup, il revivait les émotions enfouies du petit garçon droitier qui avait été contraint de se débrouiller pour adapter ses mouvements. Et surtout, il revivait le deuil qu'il avait dû faire du hockey, son rêve et celui de son père. Les capteurs neurologiques avaient enregistré ce deuil et les frustrations qui l'accompagnaient; le corps s'était construit en compensant, en procédant à un encapsulage des émotions qui se libéraient enfin.

Le mécanisme est assez équivalent dans le cas d'une agression physique ou sexuelle. Celle-ci laisse une empreinte dans la mémoire.

Toutes les expériences s'inscrivent, entre autres, dans notre système nerveux, y compris dans la moelle épinière. Geneviève me donne l'exemple d'un amputé qui sent des démangeaisons ou de la douleur dans son « bras fantôme » parce que ces expériences sont inscrites dans son système neurologique, qu'elles y ont laissé une empreinte.

Mais comment fonctionne cette mémoire du corps?

L'ostéopathe me parle longuement de proprioception. C'est la conscience que notre corps a de lui-même, informé par des capteurs neurologiques fort nombreux. Quand je me tiens en équilibre sur un pied, celui-ci travaille par des micromouvements pour que je ne tombe pas. Mes yeux et mon oreille interne envoient eux aussi une information essentielle. C'est la proprioception qui permet ces ajustements automatiques des muscles du pied et de ceux qui entourent ma cheville et ma jambe. Je suis consciente de chercher à garder l'équilibre, mais c'est mon corps, par proprioception, qui fait le travail.

La proprioception concerne aussi notre était intérieur. «Tout au long de la vie, elle fait que notre environnement sensoriel agit sur ce que nous sommes, comme l'environnement d'une plante influence sa croissance», me dit Geneviève La. La plante va se tendre vers la lumière, se courber pour ne pas affronter les vents dominants, contourner un caillou en poussant. Pareil pour l'humain : il va se développer en s'adaptant à son environnement sensoriel, qui inclut l'amour, le stress, les abus. L'abus va laisser un centre lésionnel, tout comme le caillou qui a forcé la plante à dévier sa pousse.

L'ostéopathe, dans son travail, veut ramener la personne près de l'état originel. «Dans le cas de ta mère, qui souffrait du ventre, la thérapeute a pu, par exemple, vouloir dégager toute la zone gynécologique et recentrer l'utérus dans son environnement», m'explique Geneviève. En manipulant des tissus habités par la mémoire de l'agression, on a déclenché la réminiscence, remettant à vif ce qui avait été heurté. La réaction émotionnelle a été immédiate, même si la conscience de l'agression était encore enfouie.

Quelques mois après ma rencontre avec Geneviève La, un cas stupéfiant de réminiscence tardive a été rendu public par un procès au civil. J'ai d'abord lu l'histoire d'Agnès Whitfield dans le quotidien *Le Devoir*[*], puis j'ai eu l'occasion de la rencontrer.

Cette femme de lettres, professeure à l'Université York, a connu de sérieux problèmes de santé pendant des décennies. Au tournant de la cinquantaine, la maladie et la mort de sa mère l'ont amenée à revenir souvent sur les lieux de son enfance. Elle a alors retrouvé spontanément des souvenirs atroces : son propre frère

---

[*] Caroline Montpetit, «Agressions sexuelles – Une anglophone de l'Ontario obtient gain de cause en français», *Le Devoir*, samedi 24 mai 2014.

avait abusé d'elle de l'âge de 4 ans à l'âge de 18 ans. Très tôt, elle en avait parlé à sa mère qui l'avait traitée de menteuse et sévèrement punie. Le refoulement complet s'est amorcé dès ce moment. En cour, l'expertise d'une psychologue expliquant le phénomène de la mémoire retrouvée a été retenue. Dans le cas d'Agnès Whitfield, des traitements d'ostéopathie ont aussi déclenché des réactions affectives et des *flashbacks*. Une de ses ostéopathes a d'ailleurs témoigné à la Cour.

Mme Whitfield a gagné son procès, mais elle n'est pas au bout de ses peines puisqu'elle a appris, dans les heures suivant notre rencontre, que son frère allait porter la cause en appel.

Cette femme retenue, d'une grande dignité, m'a émue : tout comme chez ma mère, j'ai senti la sincérité d'une personne dépassée par la force de ce qui s'est imposé à elle, cette lame de fond monstrueuse ramenée à la surface par la mémoire. J'ai eu envie de pleurer en apprenant que ses trois filles se sont liguées contre elle, avec le reste du clan. Cette symétrie des trois filles, entre nos deux familles, souligne combien, dans le jeu absurde d'un « concours de malheur », son histoire l'emporterait haut la main sur celle de ma mère : quand l'agresseur est logé au cœur de la famille, les déchirures en long et en large s'ajoutent à la blessure de la victime.

11

En décembre 2006, ma sœur Agnès est à Montréal pour les fêtes. Quelques jours avant Noël, je me retrouve seule avec mes deux sœurs et nous parlons des pertes cognitives de plus en plus évidentes de notre mère, qui a maintenant 71 ans.

J'évoque alors une image qui me tourne dans la tête: « Et si, ayant perdu toute mémoire à court terme, maman restait prise, un jour, dans le souvenir du pire moment de son enfance ? » Je l'imagine ne parlant plus et gémissant, faisant du surplace dans ce cauchemar coriace.

Cette vision part d'un souvenir. Ayant visité pendant quelques années une parente très âgée dans un CHSLD, je me rappelle combien la démence peut prendre des formes étonnantes et variées. Il y avait là des gens aussi sereins que perdus, des personnes inquiètes qui répétaient la même question 18 fois par heure. Dans l'ensemble de cette clientèle, les moments de rigolade et de paranoïa alternaient, la patience des préposés triomphait presque toujours. Mais deux ou trois chambres me faisaient peur. S'y trouvaient des résidents confinés au lit, en proie à une détresse quasi constante. Des gémissements faibles, pouvant évoluer jusqu'au cri, émanaient en permanence de ces chambres, et le personnel semblait totalement impuissant à soulager ce malheur autrement que par une sédation relative.

Imaginer maman dans cette situation m'était insupportable, et je tenais à le partager avec mes sœurs.

Agnès est troublée. Geneviève est sceptique, mais, le soir même, elle fait des recherches, car elle a été frappée d'entendre maman dire plus d'une fois : « Je vieillis et je le prends mal ! »

Le lendemain, elle dresse le bilan de ses réflexions : le vieillissement comprend une forme de perte de contrôle. Une agression sexuelle constituant aussi une perte de contrôle, il se peut que cet épisode ancien rende plus difficile, pour notre mère, l'appréhension du vieillissement et des pertes cognitives ; permettre à maman de se libérer de son traumatisme pourrait donc, effectivement, l'aider à mieux vivre la suite.

Geneviève a retrouvé, dans un livre de David Servan-Schreiber[*], un passage sur l'EMDR (*Eye Movement Desensitization and Reprocessing*), une thérapie qui utilise le mouvement des yeux associé à la parole. En peu de séances, cette méthode étrange semble capable de diminuer, voire d'éliminer l'emprise de traumatismes anciens.

Ma sœur ajoute que cette approche permettrait une thérapie d'assez courte durée, ce qu'il serait certainement plus prudent d'envisager étant donné l'état de notre mère. Nous nous mettons d'accord, toutes les trois, pour lui recommander d'entamer un processus de ce genre.

Il allait falloir en parler à elle et à papa en même temps. Maman ne pourrait se lancer dans une telle expérience sans son appui à lui ; elle avait toujours eu peur des psychologues et son état de plus en plus léthargique laissait penser qu'il lui faudrait un peu d'aide pour franchir le pas.

Le 26 décembre, nous nous retrouvons devant nos parents, en conseil de famille inversé.

Un de ces tournants symboliques que vivent bien des familles. Pour la première fois, d'une manière ouverte, ce sont les enfants

---

[*] David Servan-Schreiber, *op. cit.*

qui prennent les choses en main pour tenter d'aider leurs parents à mieux vivre. C'est délicat. Il n'y a pas de mode d'emploi...

L'intuition nous pousse à y mettre beaucoup de respect et un peu de fermeté, mais pas tout à fait dans le même dosage qu'avec nos enfants. L'amour est là, bien sûr, mais pas cet amour fou et inconditionnel qu'on a pour nos enfants. Un amour « résultant ». Comme le résultat d'une longue équation comportant l'immense certitude d'avoir été aimées par eux, mais aussi les cicatrices de l'affranchissement, les deuils et les prises de conscience, la reconnaissance bien mesurée de ce que nous leur devons et l'acceptation de ce que nous ne pouvons plus attendre d'eux.

Je dis amour « résultant » et j'ai peur qu'on comprenne amour « restant »... C'est mieux qu'un reste : je parle d'un amour apaisé, stabilisé.

Nous sommes donc trois filles, chacune avec son amour résultant, et nous évoquons, doucement, les confidences faites par maman, nos inquiétudes pour sa mémoire et le fait que nous souhaitons la voir se libérer de cet épisode douloureux de son enfance pour que sa vie continue sereinement.

Récemment, papa m'a avoué qu'il ne savait pas, jusqu'à ce 26 décembre 2006, que maman nous avait raconté la découverte d'une agression subie dans son enfance. Elle lui avait parlé de sa visite troublante chez l'ostéopathe, de la fameuse crise de larmes, mais pas de l'enchaînement révélateur de souvenirs et d'images.

Il ne lui avait pas posé de questions en l'emmenant chez Claire, considérant que ça lui appartenait. Une étonnante retenue. Il ne voulait pas forcer ce territoire trouble dont il soupçonnait l'existence.

C'est pourquoi il n'a pas manifesté de surprise ce 26 décembre : il s'était toujours douté qu'un « arrière-plan » pouvait être à l'origine de certains problèmes de sa femme. Il lui avait plusieurs fois suggéré de consulter, sexologue ou psychologue. Pour la sexologie, c'était hors de question. Il semble qu'elle avait eu l'occasion de côtoyer, à quelques reprises, un sexologue tape-à-l'œil et peu discret : elle en était demeurée hérissée contre cette profession. Quant aux psychologues, pendant longtemps, elle a eu peur d'eux ; peut-être avait-elle l'intuition qu'en fouillant au fond d'elle-même, elle risquait d'aller à la rencontre de quelque chose de terrible.

Ce lendemain de Noël 2006, nos parents nous ont écoutées. Puis papa, en posant sa main sur le bras de maman, lui a délicatement dit que, si leurs trois filles prenaient la peine de faire cette suggestion, ça lui semblait important de considérer la chose sérieusement. Maman a acquiescé doucement, avec un peu de lassitude. Probablement que la maladie avait commencé à grignoter sa peur.

Geneviève a recommandé une psychothérapeute formée en EMDR qu'elle avait eu l'occasion de rencontrer. Maman l'a vue à plusieurs reprises au printemps 2007. Cette série de rencontres devait déboucher sur une séance particulièrement intense d'EMDR.

C'était au début de l'été et j'attendais mes parents au chalet, ce jour-là. Vers 15 h, j'ai reçu un coup de fil de mon père. « Ta mère est sortie épuisée de sa séance, nous viendrons seulement demain. » Le lendemain, c'est de peine et de misère que maman s'est levée pour prendre la route. En arrivant, papa m'a glissé qu'elle avait dormi presque sans arrêt depuis la séance de psychothérapie de la veille. Maman était calme, mais toujours livide, et s'est couchée rapidement. Il m'a alors raconté le peu qu'elle avait partagé sur la séance : oui, elle avait revécu des choses difficiles. Elle avait clairement revu la scène de l'agression. Ou des agressions ? Car papa a toujours retenu cette phrase énigmatique de sa femme : « Il y avait du qualitatif, mais aussi du quantitatif. »

Après, elle n'a plus rien ajouté, sinon qu'elle considérait que c'était maintenant terminé.

Maman a peut-être été agressée plus d'une fois cet été-là ; c'est possible, en admettant que son agresseur était connu de son entourage et qu'il a pu profiter habilement de plus d'un moment de solitude avec elle. On ne le saura jamais. Maman n'a jamais raconté plus en détail ce qu'elle avait découvert par l'EMDR.

J'ai communiqué avec sa psychothérapeute à l'été 2013. Quelques mois trop tard : ayant l'habitude de conserver ses dossiers pendant cinq ans, elle venait de détruire ceux de 2007.

Je ne pense pas qu'elle m'aurait livré le contenu de ce dossier ; même en tenant compte du décès de ma mère, j'imagine qu'il était encore sous le coup du secret professionnel. Peut-être qu'elle aurait pu en évoquer les grandes lignes, décrire le type de cas ; je n'ai pas voulu lui poser la question, ce n'était plus la peine.

Si le contenu de la séance demeurera à jamais un secret, que dire de ses effets sur maman ?

Mon père m'a confié qu'au lendemain du traitement, elle s'était blottie dans ses bras en lui disant qu'elle se sentait libérée et qu'elle pourrait certainement être une amante plus disponible. Mais pour cela, il était un peu tard… Son époux, sans qu'elle s'en rende compte, était déjà en train de devenir un aidant naturel et le batifolage amoureux n'était plus beaucoup au programme.

Mais je retiens deux autres faits, importants.

Le premier, c'est que ma mère a eu une fin très douce et n'a jamais été aux prises avec la détresse dont j'avais agité le spectre. Ses repères temporels se sont embrouillés, elle se replongeait facilement dans les décors de sa jeunesse. Au CHSLD, elle évoquait parfois les Cantons-de-l'Est de son enfance comme si elle y avait habité récemment ou comme si elle devait y retourner sous peu. Elle m'a un jour montré un bénéficiaire à peine plus âgé qu'elle, mignon et vif, quoique plutôt perdu. «Lui, c'est un ami de mon grand-père. Je lui en ai parlé et il s'en souvient !» Elle était heureuse de ce lien. Aucune terreur à l'horizon. Je ne l'ai pas embêtée avec l'évidence, rabat-joie, que l'ami en question, s'il existait encore, pourrait difficilement avoir moins de 125 ans…

Le deuxième effet possible de l'EMDR, je ne l'ai mesuré que de façon rétroactive. Quelques mois après la thérapie, j'ai commencé à constater que maman avait traversé l'été en mangeant ce qu'elle voulait et sans se plaindre de son intestin. Pendant les quelques années qu'il lui restait à vivre, elle aura au moins été libérée de son côlon irritable.

Je suis à la fois perplexe devant l'approche de l'EMDR et tentée de croire qu'elle a été bénéfique pour ma mère. Mais j'ai besoin de comprendre un peu mieux…

En novembre 2013, je réussis à joindre Élise St-André, psychiatre au Centre hospitalier de l'Université de Montréal.

Je suis touchée, encore une fois, qu'une spécialiste bien occupée prenne le temps de rencontrer une non-scientifique comme moi, qu'elle trouve un intérêt à vulgariser. Je comprendrai rapidement que les quelques informations communiquées dans ma requête ont permis à la D^{re} St-André de sentir que je tombais pile dans ses cordes : l'EMDR comme moyen de guérir un traumatisme.

Élise St-André a été formée en EMDR en France, par David Servan-Schreiber lui-même. Elle pratique cette approche depuis 2006, avec enthousiasme et succès.

Elle écoute d'abord attentivement le récit que je fais du cas de maman.

La tête légèrement penchée, une belle tignasse blond roux encadrant des yeux alertes, un demi-sourire accompagne sa concentration.

Lorsque je décris l'attitude de papa, sa discrétion face à maman et le soutien qu'il lui a apporté, elle s'exclame : « Génial ! Votre père est formidable ! Il a fait exactement ce qu'il faut dans le cas d'un trauma : il s'est montré disponible, il l'a accompagnée, sans la questionner brusquement. »

Quand je termine mon récit, je vois le large sourire plein d'appétit d'une passionnée se dessiner : « Ah ! le trauma, c'est mon sujet préféré ! »

C'est là qu'il faut plonger, avant d'aborder l'EMDR.

Le trauma, c'est un traumatisme, mais plus spécifiquement un traumatisme psychique. « On ne s'occupe pas assez des traumas subis par les enfants ; on se dit que ce sera vite oublié, mais non, le trauma a des conséquences sur l'ensemble de la vie. »

Elle me parle d'une étude américaine importante, menée au tournant du XXIᵉ siècle sur plus de dix mille sujets. La *ACE Study* (pour *Adverse Childhood Experiences Study*) établit un lien entre les expériences traumatisantes vécues par l'enfant, leur nombre et leur durée, et l'état de santé globale de l'adulte qu'il deviendra. Violence, alcoolisme ou toxicomanie des parents, emprisonnement, maladie mentale, disparition subite d'un proche et, bien entendu, agression sexuelle ; voilà la liste des expériences négatives considérées par l'étude. Les enfants très éprouvés deviendront champions des comportements à risque pour la santé (alcoolisme, toxicomanie, tabagisme), seront plus souvent obèses, atteints de maladies chroniques et victimes de cancers.

La psychiatre Élise St-André reçoit des patients recommandés par une grande variété de spécialistes : c'est généralement après une longue série de consultations pour des problèmes physiques évidents, accompagnés de dépression ou d'autres troubles psychologiques, qu'on finira par songer à la possibilité d'un trauma ancien. En soignant la mémoire de l'enfant blessé en lui, on règle souvent les problèmes de l'adulte souffrant qu'il est devenu sous l'emprise de cette mémoire.

Le chercheur Bessel van der Kolk, dans la foulée de la *ACE Study*, parle d'une épidémie de traumas cachés aux États-Unis. Pour lui, il s'agit d'un des plus grands enjeux de santé publique ; la prévention et l'intervention précoce pourraient permettre des gains immenses sur le plan humain et financier.

En regardant le *ACE Score*, le tableau qui établit le degré cumulatif des épreuves subies par un enfant, je glisse à la D^{re} St-André que le cas de ma mère semble bien « léger ».

« Justement ! Ça prouve l'importance de s'occuper des traumas : une seule expérience négative et voyez le nombre de séquelles dans son cas ! »

Il faut dire que la recherche montre que l'âge auquel le traumatisme a été subi détermine son impact : une agression sexuelle à cinq ans, comme celle qu'a vécu ma mère, marque très profondément... malgré l'oubli. « L'oubli est un mécanisme de défense analogue à un fusible : le niveau d'alerte est tel au moment de l'agression que, sous l'effet des hormones de stress, le cerveau se "débranche" partiellement. » Mais la mémoire émotionnelle, la plus profonde et la plus inconsciente, enregistre et n'oublie pas.

Élise St-André souligne que cette mémoire, inscrite au cœur de notre cerveau, est d'abord liée à la survie. Elle prend l'exemple d'un tout petit traumatisme : « Si, très jeune, vous avez mis la main sur le poêle brûlant, pendant les vacances, vous pourrez avoir oublié tout le reste, le chalet, le paysage, mais le souvenir de la main sur le poêle sera encore là ! »

La brûlure a causé une émotion négative très forte, bien inscrite dans la mémoire émotionnelle. Le cerveau cognitif, conscient et rationnel, a compris le lien de cause à effet : ma main sur le poêle chaud = douleur, comme papa me l'avait dit ! Le traumatisme de la brûlure a été « digéré », intégré harmonieusement par l'ensemble du cerveau. La main se tiendra désormais plus loin du poêle.

Le problème avec les traumas importants (agression sexuelle ou violence d'un parent), c'est qu'ils échappent parfois totalement au rationnel : le cerveau cognitif est incapable de les digérer, d'opérer une rationalisation. Le message négatif, « je suis en danger », est répété en boucle et se renforce au niveau de la mémoire, suscitant à répétition les mêmes émotions envahissantes. Si le mécanisme d'alerte est réactivé, même des années plus tard, par une image, une situation ou une association d'idées qui rappelle le trauma initial, impossible de convaincre la personne qu'elle est en sécurité : la panique et la souffrance surgissent, presque aussi violentes qu'à l'origine. Même au repos, dans une situation de détente, la boucle négative continue de s'agiter. C'est un mécanisme neurologique automatique qui s'enclenche continuellement : le cerveau est incapable de retraiter l'information de manière rationnelle, celle-ci reste bloquée dans l'émotionnel et active les amygdales cérébrales, le centre de la peur. Les hormones de stress affluent et perturbent l'organisme tout entier.

C'est le mécanisme au cœur du syndrome de stress post-traumatique, tristement associé aux zones de guerre, présent aussi bien chez les militaires que chez les civils.

Maman... tu avais donc la peur au ventre, littéralement : une peur viscérale, inscrite dans ton inconscient, qui lâchait dans ton organisme de quoi l'irriter, le consumer, comme on lâche une meute de chiens pour faire fuir un voleur.

Le trauma peut être récent, né d'un accident de voiture, de la perte brutale d'un proche... ou être lié à une expérience très ancienne.

Comprenant de mieux en mieux l'importance de tenir compte des traumas, je suis d'autant plus curieuse de savoir pourquoi une psychiatre comme Élise St-André utilise l'EMDR pour les traiter.

« Pour la rapidité et la durabilité de l'effet ! »

La réponse semble sortie d'un dépliant promotionnel, mais elle est lancée avec la certitude et l'enthousiasme de quelqu'un qui a testé et vérifié le « produit » sous toutes ses coutures. « C'est pas ce qu'il y a de plus payant, recevoir des patients en psychothérapie pendant une heure et demie, mais le résultat est tellement spectaculaire ! Ça me rend bien plus heureuse que de remplir des prescriptions ! »

L'EMDR fait partie des thérapies dites «d'exposition» : on confronte graduellement le patient à ses peurs en travaillant à le désensibiliser.

On retrouve cette idée dans le sigle EMDR : *Eye Movement Desensitization and Reprocessing*.

«*Desensitization*», c'est la possibilité de désensibiliser la personne. Quand on parle de «*Reprocessing*», on vise à retraiter l'information contenue dans la boucle négative inscrite au plus profond du cerveau ; c'est la clé du soulagement.

Et que vient faire le mouvement des yeux là-dedans ? On doit cette découverte à une psychologue américaine née en 1948, Francine Shapiro. Dans la trentaine, avec un doctorat en littérature anglaise en poche, cette New-Yorkaise va bifurquer vers la psychologie en travaillant sur son propre cas : elle vient de traverser un cancer et le pronostic mitigé a créé un véritable bouleversement en elle. Elle va tester et pratiquer plusieurs approches de psychothérapie, puis devenir psychologue elle-même.

Pendant une promenade dans un parc, en 1987, alors qu'elle est aux prises avec des pensées préoccupantes, elle remarque que ses yeux oscillent rapidement d'un côté à l'autre. Elle constate que ce mouvement, étrangement, diminue l'inconfort amené par ses pensées. En laissant à nouveau bouger ses yeux rapidement, elle note que la charge négative semble s'évanouir de son psychisme. Elle va répéter l'opération sur elle-même à plusieurs reprises avant de la tester sur des amis et des collègues. Étonnée par les résultats, elle se lancera dans une véritable quête scientifique pour peaufiner son approche et, surtout, pour la faire valider. Elle va bâtir une méthode thérapeutique complète, divisée en étapes précises. L'efficacité de l'EMDR est désormais considérée comme scientifiquement démontrée et la thérapie est reconnue par l'American Psychiatric Association depuis 2004, même si l'effet exact du mouvement des yeux n'est pas expliqué.

Élise St-André souligne que, pour les détracteurs, ce mouvement est considéré comme « non spécifique ». Elle ajoute d'ailleurs qu'il peut être remplacé par une stimulation sonore alternée dans les deux oreilles ou par un stimulateur tactile qui sera lié aux deux mains. « C'est la stimulation bilatérale alternée qui semble opérer. » Elle évoque aussi l'effet de « double attention », qui laisse moins de place aux éléments traumatiques pendant le travail.

Mais cette stimulation bilatérale est-elle vraiment nécessaire ? Très vite, Francine Shapiro a vérifié elle-même, en traitant un groupe témoin avec le même travail verbal, mais sans le mouvement oculaire : non seulement la thérapie d'exposition sans le mouvement des yeux n'opérait pas, mais l'état du patient pouvait même empirer, car l'évocation des émotions négatives ne faisait que les renforcer. En parallèle, dans le groupe traité avec l'EMDR, on voyait des guérisons rapides et durables de patients atteints de troubles graves liés à des viols ou à la guerre du Vietnam, entre autres.

L'apport du mouvement des yeux semble d'ordre neurologique. La psychiatre Élise St-André fait le lien avec le mouvement rapide des yeux durant nos périodes de rêves : « C'est pendant le rêve que le classement de l'information accumulée durant la journée se fait, ce qui permet de bien l'inscrire dans la mémoire. Si vous empêchez un rat de rêver en le réveillant pendant le sommeil paradoxal (*Rapid Eye Movement sleep*), après qu'il a appris le parcours d'un labyrinthe, il devra réapprendre son trajet le lendemain, contrairement à un rat qu'on aura laissé rêver. Je pense que le mouvement des yeux, en EMDR, suscite des liens entre différentes informations cataloguées pendant cette période de sommeil. »

Mme St-André ajoute : « Voir les sauts qui s'opèrent dans la mémoire pendant le mouvement des yeux, c'est d'une réelle beauté ! Le patient est à la fois dans le souvenir du traumatisme et dans l'"ici et maintenant", où on travaille à remplacer la cognition négative par des images rassurantes. »

Le mouvement des yeux semble permettre l'intégration des deux mondes.

Ces images rassurantes qu'on veut implanter, il faut cependant d'abord les définir. Le mouvement des yeux n'est pas utilisé d'entrée de jeu. Une approche sur plusieurs séances est nécessaire pour expliquer le processus au patient, cerner le traumatisme à traiter et, très important, bâtir avec lui ce qu'on appelle un « lieu sûr ». Cet espace mental rassurant servira de refuge pendant la durée du traitement et au-delà. S'il entre dans une spirale négative, le patient aura développé la capacité de convoquer son lieu sûr pour échapper à l'emprise de la cognition négative. Celle-ci sera graduellement remplacée par une cognition positive.

Élise St-André a vécu l'expérience du lieu sûr pendant sa formation. « Son pouvoir est incroyable ! On se trouve dans un état dérangé, désagréable, puis l'évocation du lieu sûr amène une certitude, une sensation physique de bien-être. »

Elle illustre l'ensemble de la démarche thérapeutique par EMDR à l'aide d'un cas assez simple, celui de Pierre (nom fictif). « Suite à un violent accident d'auto, Pierre pouvait difficilement monter à bord d'un véhicule et il était très angoissé dès qu'il marchait le long d'une rue. Après avoir établi un lieu sûr, on a identifié la pire image : l'auto bleue fonçant sur lui. La cognition négative qui l'accompagnait : "Je vais mourir !" L'émotion en cause : la peur. Les sensations physiques : le raidissement du corps au bruit de la tôle, le choc, l'odeur de brûlé. Puis on a établi la cognition positive souhaitée : "Ici et maintenant, je suis en sécurité." » En quelques séances, Pierre a été soulagé de ses peurs et de ses cauchemars.

Quelques mois plus tard, le voyant à la porte de son bureau, la D^{re} St-André a craint une rechute ; Pierre venait simplement lui montrer l'immatriculation de sa nouvelle voiture.

Je repense à ma mère : sans avoir retrouvé le souvenir de l'agression subie, aurait-elle pu être traitée ? Long silence de la psychiatre.

« C'est plus difficile, mais, dans certains cas, c'est possible ; certains indices peuvent nous donner une piste. Entre autres, on demande toujours aux patients de sentir où la cognition négative résonne dans leur corps ; dans le cas de votre mère, ça aurait pu créer une piste de départ. »

Elle se rappelle une patiente qui faisait des crises de paralysie inexplicables : « La situation était devenue dangereuse, avec de jeunes enfants à la maison. Elle n'avait le souvenir d'aucun trauma, mais elle était ouverte à tenter l'expérience de l'EMDR. On est parties de la sensation qu'elle éprouvait à l'approche d'une crise et, assez rapidement, avec l'EMDR, il y a eu réapparition d'une agression sexuelle complètement oubliée. Ça s'était produit dans un contexte de crise dans la famille, et la petite fille, à l'époque, avait "pris sur elle" de ne pas compliquer la situation : elle avait enterré le tout. Les parents, moins disponibles, n'avaient détecté aucun signe du secret. »

Avec cet exemple, on serait tenté de croire que la thérapie peut « suggérer » des abus, entraîner certains patients à les inventer. « Le phrasé utilisé par le thérapeute est très déterminé, très contrôlé, pour éviter qu'il transmette une suggestion ou une hypothèse qui lui appartient, explique la D^re St-André. Le thérapeute peut simplement dire : "Continuez avec ça" quand une sensation ou une image émerge. L'intervention vient du patient, pas du thérapeute. »

Je suis frappée de ce que cette approche exige comme disponibilité, comme abandon de la part du patient. Élise St-André me dit que ce facteur est capital dans toute thérapie : « On a pu calculer de manière précise que la motivation de départ du patient compte toujours pour 40 % de la réussite et que la confiance qu'il a en son thérapeute compte pour 30 %. » L'efficacité de la méthode elle-même et la qualité de son application joueront sur les derniers 30 % de l'équation.

Je lui demande si certains traits de personnalité font de l'EMDR un moins bon choix. « Oui, je dirais la rigidité psychologique. J'ai

eu un patient qui résistait en disant constamment : "Oui, mais…"
Les gens qui ont de la difficulté à changer d'opinion se prêteront
moins bien à ce travail.»

Mais dans la majorité des cas, le travail apportera un soulagement évident et durable.

« Ce sont des moments extraordinaires, quand on entend un
immense "aahhh!…" parce qu'il vient d'y avoir une intégration
émotionnelle. Le corps et le visage se détendent, les yeux brillent.
On demande régulièrement au patient d'évaluer son propre état
sur une échelle de un à dix. Voir un niveau de détresse passer de
dix sur dix à zéro en une séance, c'est du bonbon!»

Après ma visite à la D^re St-André, je me suis surprise à imaginer
la vie que ma mère aurait pu avoir « si »… si elle avait croisé très
tôt un gastroentérologue sensibilisé au lien entre côlon irritable et
agression sexuelle, si une psychothérapie l'avait libérée dès ce
moment de l'emprise du trauma, si l'ostéopathie avait terminé le
travail pour que son corps retrouve le confort auquel il avait droit.
Toutes ces avenues s'ouvraient à peine à l'époque où elle cherchait
des solutions à son mal-être. J'espère profondément qu'elles
deviendront de plus en plus accessibles, qu'il sera de plus en plus
naturel de les emprunter pour guérir.

12

À défaut de pouvoir guérir, maman a créé dans sa vie une grande zone d'amour, son «lieu sûr» à elle. Amour d'un homme, «pour le meilleur et pour le pire», selon la bonne vieille règle du mariage. Amour de ses filles, de ses petits-enfants. Et, au-delà de tout, amour de Dieu.

Depuis le début de ce récit, je sais que je vais devoir parler de la foi de ma mère, vécue bien discrètement, mais qui constitue, je pense, un facteur de résilience dans la trajectoire de l'enfant abîmée.

Mais voilà : non seulement je n'ai pas hérité de sa foi profonde, de son adhésion à l'Église, mais ma société est devenue férocement anticléricale. Comment réveiller et accepter de contempler cet objet à la fois précieux et démodé qu'est la foi de ma mère ? Les églises se vident et les journaux se remplissent régulièrement d'abjections trop réelles commises par des membres du clergé.

Comme ces abjections sont souvent des agressions sexuelles infligées à des enfants, l'importance que je sens devoir accorder à la foi de ma mère semble encore plus paradoxale.

Les artistes de sa génération et de celle qui a suivi ont presque tous contribué, par leurs livres, leurs films ou leur théâtre, à notre révulsion collective à l'égard de la religion. Des œuvres fortes, nécessaires, enracinées dans la noirceur et poussant leurs branches comme une libération bienvenue.

En pleine « crise de la charte », en octobre 2013, je rencontre Claire Dumont.

Elle a 75 ans, elle est religieuse de la congrégation des Filles de la Sagesse, maintenant à la retraite, et auteure de nombreux livres.

Je la reçois à la radio parce qu'elle a écrit une lettre ouverte, publiée la veille par *Le Devoir*, dans laquelle elle prend subtilement position pour le projet de charte de la laïcité*. Elle parle de cette époque où tout bousculait les communautés religieuses, du concile Vatican II jusqu'à la pièce *Les fées ont soif* de Denise Boucher. Elle en parle avec la conscience émue d'avoir vécu un tournant historique et plutôt bénéfique.

Alors que la charte entend imposer aux employés du secteur public de renoncer à porter tout signe ostentatoire de leur religion, Claire rappelle la Révolution tranquille, le malaise de plus en plus grand vis-à-vis des costumes religieux, à cette époque où le Québec se secouait les épaules.

Le costume faisait la fierté des religieuses, mais, avec le recul, Claire admet qu'il constituait une barrière entre celles qui le portaient et le reste de la population. Elle insiste : non seulement le voile ne fait pas la religieuse, mais il crée une distance. Le voile, symbole de modestie, demande encore plus de modestie à celle qui choisit de s'en défaire : elle accepte alors de perdre ce qui la distingue automatiquement dans la société.

Plus notre conversation avance, plus j'ai l'impression, ce matin-là, d'être en contact avec la foi de ma mère. Sœur Claire est sa contemporaine (à trois ans près) et vit dans Ahuntsic, le quartier où maman a passé les 19 dernières années de sa vie. Mais elle est surtout une sœur d'âme de ma mère à un point qui me trouble. La bonté, la recherche appliquée de la mesure : trouver les mots les plus justes et les moins blessants pour exprimer une conviction ; les mots les

---

* Claire Dumont, « Charte des valeurs québécoises – Adieu coiffe, voile, corset, cape, capuche, etc. ! », *Le Devoir*, section Opinion, mercredi 2 octobre 2013.

plus simples pour parler d'une réalité complexe. Cette préoccupation constante, maman la résumait toujours par une phrase : « Ce que l'on conçoit bien s'énonce clairement, et les mots pour le dire arrivent aisément. » On entendait clairement les guillemets dans sa voix, mais elle ne se sentait pas obligée de mentionner chaque fois qu'elle citait *L'Art poétique* de Nicolas Boileau (1674). Le plus important, c'était la sagesse de la phrase. Pas l'étalage culturel.

Voilà le genre de sagesse que je retrouve chez Claire Dumont.

Plus fou encore, sans qu'il y ait de ressemblance physique réelle, la texture des cheveux et de la peau, la calme beauté des traits de Claire évoquent maman.

Plusieurs courriels nous parviennent pendant le reste de l'émission, saluant le discours à la fois ferme et posé de Claire Dumont. Certaines auditrices ont fréquenté des établissements scolaires menés par les Filles de la Sagesse et soulignent qu'elles en ont gardé uniquement de bons souvenirs.

Je me rends compte avec étonnement que cette religieuse « passe la rampe ». La modération, pour peu qu'on lui laisse le temps de s'exprimer dans ses nuances, console bien des oreilles égratignées par les cris des extrémistes des deux pôles.

Je découvre qu'une foi tissée d'humanisme et de vraie humilité peut se voir respectée par les non-croyants.

Je pourrai donc aborder celle de ma mère.

J'ai récemment demandé à ma tante Renée quelle était la place de la foi dans la famille Adam. « Pas très grande… Nos parents allaient à la messe, mais à la maison ce n'était pas une préoccupation, les références religieuses restaient rares. »

Renée m'a avoué avoir été bien intriguée par l'influence du père Hamel sur sa sœur. Elle a été étonnée d'apprendre de ma bouche que, bien avant sa rencontre avec le bénédictin, maman avait songé à la vie religieuse. Dans son journal, on la sent toute remuée, à 17 ans, quand une de ses amies s'engage comme novice. Elle aurait aimé sentir un appel. Mais l'idée de trouver un mari, de fonder une famille semble plus forte. On comprend qu'elle a tenté d'y voir clair avec un confesseur, qui lui aurait dit de ne pas écarter trop vite la possibilité d'une vie religieuse.

Mais, dès leurs premiers contacts, le père Hamel sera catégorique à ce sujet : « Vous n'êtes pas faite pour la vie religieuse. N'y pensez pas. »

En plongeant dans les lettres du bénédictin, je trouve les racines d'une spiritualité cultivée dans l'indépendance. Il sent la vivacité et l'authenticité de la foi de la jeune Louise, mais loin de lui l'idée d'enfermer ce don dans une jolie boîte.

En 1957, il émet un jugement sévère sur le climat de l'époque : « Ignorance et peur, tels sont les deux piliers branlants de notre éducation. »

Puis un conseil qui sent l'élitisme… et frôle le snobisme : « Dans votre milieu paroissial, vous perdez votre temps. Ça peut être du bon monde, mais ce n'est pas un monde cultivé, apte à saisir les impondérables du beau. »

Il décrit avec autant de fermeté le milieu qui, à son avis, lui conviendrait : « Un milieu de recherche et de tendance au progrès. […] Avoir faim d'apprendre pour savoir et devenir adulte sur le plan intellectuel et moral comme sur le plan physique. Être adulte, c'est être capable de juger par soi-même, d'avoir en soi, pesés et contrôlés, les motifs de son agir. »

Programme audacieux, en 1957, pour une jeune femme de 21 ans.

Quelques mois après notre première rencontre à la radio, je prends rendez-vous avec sœur Claire Dumont. J'ai envie de voir revivre cette époque à travers ses yeux. Elle m'accueille avec la simplicité généreuse que j'avais déjà sentie. De chez elle, une vue sur la rivière des Prairies, fumante de glace sous un froid soleil. La même rivière et le même angle qu'aura connus maman, plus à l'est, au sixième étage du CHSLD où elle est décédée.

Curieuse, je lance l'idée que les bénédictins avaient peut-être la réputation d'être parfois hautains, de cultiver un certain sentiment de supériorité. Elle hoche la tête avec un léger sourire: «Oui, un peu.» Mais, très rapidement, elle relativise: «Tout est affaire d'individus. Une communauté, c'est un regroupement humain, avec des sujets de toutes natures.» La règle de la communauté et la personnalité du dirigeant en place pourront teinter l'atmosphère ambiante, mais Claire se méfie de toute généralisation.

Elle est immédiatement frappée par les propos du père Hamel que je lui rapporte.

Sur la soif de progrès, d'affirmation de soi par la connaissance, elle en a long à dire, ayant été portée par un courant analogue, à la même époque. Au moment où maman cherchait un mari, Claire était déjà novice chez les Filles de la Sagesse. Pour ses vœux perpétuels, on va exiger qu'elle se dépouille de son nom pour devenir sœur Benoît du Sacré-Cœur. Elle est déçue et blessée de devoir porter un nom masculin, de surcroît accolé au Sacré-Cœur, pour lequel elle n'a aucune dévotion particulière. Un immense doute l'envahit, l'amenant même à quitter la communauté. La règle est trop rigide et semble vouloir faire disparaître la personne qu'elle est.

Elle comprend soudain combien la pression de son entourage a joué un rôle important dans son engagement religieux.

Deux ans et demi plus tard, elle reviendra, ayant connu un amour qui l'a conduite aux abords du mariage, mais aspirant encore à quelque chose de plus vaste, à l'idée d'avoir plus qu'une famille: «Je préférais avoir d'innombrables enfants à travers l'enseignement.»

Elle a cependant marqué un grand coup. À l'aide d'une coreligion-naire en poste à Rome, elle a demandé et obtenu le droit de conserver son propre nom. « Je voulais être moi, en mieux. Ne pas effacer Claire Dumont. »

Ce retour coïncide avec les débuts du concile Vatican II, amorcé en 1962, qui a tant marqué ma mère.

Claire parle d'une nouvelle attitude des communautés : les jésuites, les dominicains ouvrent leurs portes, sortent et participent à la pastorale.

Ma mère, tout comme Claire, a eu cette envie de communiquer, de transmettre. Dès que ses trois petites ont été à l'école, elle s'est investie dans la pastorale, a contribué à la création et à l'animation de messes pour les enfants.

J'ai l'impression que ces deux femmes ont ressenti les mêmes choses à la même époque : un enthousiasme devant Vatican II et le mot d'ordre du pape Jean XXIII : « Allez vers les gens ! » Une sen-sation de compétence heureuse dans cette nouvelle vision de la foi agissant à échelle humaine. La foi comme facteur possible de progrès social.

Pour que Vatican II ait lieu, il fallait que des esprits éveillés, dans les années cinquante, sentent la nécessité d'un renouveau de l'Église.

Le père Hamel est très certainement à classer parmi ces insatis-faits constructifs. En décembre 1957, il écrivait à ma mère : « Convaincre, c'est une tâche à laquelle je me suis attelé… J'ai bien l'intention de continuer, car il y a là une tâche essentielle pour l'avenir de notre peuple, sur tous les plans et principalement reli-gieux, car notre religion, dans notre monde contemporain, sera éclairée ou ne sera pas. Et il est humiliant de penser que sur le plan de la foi l'on en resterait aux données enfantines quand tout progresse autour de nous. »

En lisant cet appel à une religion éclairée, je me dis que le père Hamel serait sans doute bien déçu de constater que le créationnisme le plus primaire vit encore de beaux jours non loin de chez nous.

Je regrette de n'avoir jamais questionné maman sur sa foi. J'aurais voulu savoir à quel moment et comment elle s'est manifestée, peut-être plus vivement que chez les autres membres de sa famille.

Alors, continuant cet exercice délicat de transfert et de comparaison, je questionne Claire Dumont : d'où tient-elle la certitude de sa foi ? Spontanément, elle me parle de la nature gaspésienne : le vent, la mer, plus grands que soi.

Maman était l'aînée de six enfants, Claire, la seizième et dernière enfant d'une immense famille de Cap-Chat. L'aînée et la plus jeune : deux positions uniques permettant parfois un rapport privilégié avec les parents.

Claire, par exemple, se souvient de promenades au bout de la terre familiale, seule avec son père, après la messe du dimanche. Il venait de semer le blé, la terre noire gardait son secret. En fumant devant le champ, le père disait à la petite : « On ne voit rien, mais, au mois d'août, ce sera de l'or. »

Cet homme, que Claire décrit comme croyant, mais parfois critique envers l'Église, parlait de la force de la nature, mais aussi de l'action de Dieu.

J'imagine bien ma mère dans ce genre de scène. La petite fille délicate, intelligente et sensible, remuée par la présence de forces supérieures auxquelles le contexte de l'époque s'empressait de donner un nom.

Claire Dumont et ma mère ont en commun d'avoir manifesté un éveil spirituel précoce, mais elles partagent également la chance d'avoir évolué, chacune de son côté, dans un milieu qui ne tombait ni dans la dévotion extrême ni dans la rigidité dogmatique.

Elles ont aussi en commun d'avoir pu s'affirmer comme femmes.

Dom Raoul Hamel écrivait, en juillet 1957 : « Louise, comme j'admire les jeunes filles de votre trempe qui apportent à la vie tant de sérieux, un si total vouloir de réaliser une belle chose de son existence […] »

Puis, en décembre : « Il y a une élite féminine d'une qualité rare. On en découvre les éléments ici ou là. Intelligence, goûts nobles et grands, ferveur adhésive, mais en même temps timidité. L'éducation, la culture donnée n'ont développé que des valeurs pratiques. Souvent, on s'est appliqué à refouler les aspirations les plus légitimes et jaillissant de l'excellence même du sujet. Le travail est à reprendre à la base. »

Ce désir de voir progresser l'éducation des femmes et leur place dans la société est constant chez cet homme. Je vois même, en lui, un des artisans de la figure de la *superwoman* qui allait devenir une marque de la fin du XXe siècle : elle devait réussir partout. Car, tout en valorisant l'accomplissement intellectuel de la femme, il revenait souvent à sa fonction maternelle, sacrée pour lui.

Il conservait donc une approche très « essentialiste » des sexes : « Une civilisation se juge d'après la considération qu'y jouit la femme, le rôle qu'elle a, l'influence qu'elle exerce, parce qu'une civilisation vaut par les valeurs morales qu'elle représente et, de ces valeurs, c'est la femme qui en est l'inspiratrice et la gardienne […] L'homme et la femme doivent se développer dans le sens de leur nature, selon leur ligne propre. À l'homme le viril, l'effort, le fort, la peine ; à la femme la féminité, le charme, le soutien de l'autre, la constance. La femme peut se faire un devoir de représenter le beau […] Le beau sensible selon toutes les exigences de la matière, mais au service de l'âme, de l'esprit, du surnaturel. »

Pas étonnant, devant tant d'admiration pour la féminité, qu'il se soit inquiété des abus et des violences commis envers les femmes.

Il avait lu *L'Esclavage de la femme dans le monde contemporain* de la militante chrétienne Odette Philippon et s'indignait de ce que l'on y découvrait. Publié en 1954, l'ouvrage met au jour et dénonce les mécanismes de la prostitution. Le père Hamel était catégorique : ce livre «établit d'une façon révoltante l'abus de la femme par l'homme».

Le féministe avant la lettre s'affirmait encore en septembre 1958 : «Il n'y a pas à se faire illusion : les qualités de l'esprit et du cœur se trouvent rarement réunies chez l'homme. Plus souvent chez la femme, naturellement plus riche.»

Bizarrement, c'est là que, soudain, le bénédictin me paraît moins visionnaire : il semble lui échapper que l'homme a peut-être été victime, lui aussi, d'un long conditionnement culturel le forçant à adopter toutes les postures de la virilité.

Il y avait, de son point de vue, urgence à permettre l'épanouissement de la femme. On lui pardonnera de ne pas avoir envisagé, au même moment, que l'équilibre entre le cœur et l'esprit n'était certainement pas impossible, mais peut-être à trouver et à cultiver chez l'homme.

Dieu était un refuge pour ma mère. Chaque moment de doute, chaque «creux de vague», comme elle disait, la ramenait à son journal, où elle s'adressait souvent à Lui. Fatigue, frustration de ne pas se trouver assez utile, de ne pas répondre entièrement aux attentes de son mari, chaque fois, elle faisait le point sur la situation en se référant à ses grands objectifs de vie. Elle s'apaisait, acceptait ce qu'elle ne pouvait pas changer et s'engageait à travailler à ce qui était à sa portée, demandant régulièrement le courage et la clairvoyance nécessaires à son «Seigneur».

Une seule fois, elle a traversé une grande crise de foi.

Au début de la quarantaine, elle fait la rencontre de Georges, un jeune homme atteint de paralysie cérébrale. Il cherche quelqu'un pour l'accompagner dans l'écriture d'un livre à l'adresse des familles devant composer avec la présence d'un enfant handicapé. Maman rêve d'écrire depuis longtemps, ses filles sont de plus en plus autonomes, elle s'entend bien avec Georges; elle est ravie de l'expérience qui s'amorce.

Mais, en décembre 1979, pendant qu'on décore l'arbre de Noël, le téléphone sonne: Georges vient de se suicider.

C'est au mois de mai suivant, réfugiée à Saint-Benoît-du-Lac, qu'elle décrit cette crise dans son journal: «Où étais-tu, Dieu amour, Dieu très bon, quand Georges est arrivé au bout de son rouleau? Je me suis mise à douter de Ton amour individualisé... Et ça, ça chambardait toute ma vie, ça lui enlevait tout son sens. Plus de source à ma joie. Les choses se sont décantées un peu... Tu accepteras, Seigneur, que je me dise en convalescence d'une attaque maligne à ma foi? C'est un traitement que je venais chercher auprès du père Hamel, auprès de Toi. Tu m'as offert une nature printanière à son apogée et un père Hamel d'une disponibilité sans faille. [...] Il a été question du mal, du bien, de la relation de chacun avec Toi. J'ai parlé plus ouvertement que jamais et je repars un peu rassérénée. [...] Les apôtres se sont sûrement retrouvés dans un état d'esprit voisin du mien à la mort du Christ. Pourtant, aujourd'hui, la mort du Christ a une signification profonde pour tout chrétien. Quand je pleurais Georges en disant "c'est absurde", Jacques m'a répondu: "La mort du Christ aussi était absurde." Dans le contexte, ce n'était pas un blasphème mais le plus beau cri de foi que je pouvais entendre et reprendre.»

Je ferme mon ordinateur d'un claquement sec.

Trop. C'est trop pour moi.

Devant ce dernier passage, ce couple éploré cherchant dans le destin du Christ un baume à mettre sur la blessure béante d'un suicide, je ne peux plus suivre.

Je respecte, j'admire même, jusqu'à un certain point, mais je mesure, impuissante, mon absence d'adhésion à tout ce mystère de la foi.

Je m'habille et pars escalader ma montagne. Un tout petit cap des Laurentides : jolie vue sur les sommets plus hauts, d'un côté, et de l'autre, sur Montréal qui profile au loin ses édifices, comme un minuscule dentier entre deux versants doux.

Un beau soleil de mars par moins 15 degrés Celsius, sans vent : bien réchauffée, je peux m'asseoir dans la neige au sommet.

C'est là qu'on a enterré les cendres de maman, à l'abri d'un chêne.

Je pense à elle, à sa relation avec Dieu et je me dis que là, tout de suite, assise dans la neige, le cœur ouvert et réchauffé, je prendrais volontiers une révélation.

Juste une petite.

…

Silence.

…

J'entends soudain le pic flamboyant que j'ai vu en montant, bien installé pour cogner sur le chicot d'un hêtre mort, pas du tout intimidé par mon passage.

Je souris.

En guise de révélation, un voyage dans le temps.

Cours de biologie, secondaire I.

Au programme : les échanges entre les espèces.

Le parasitisme nuit à l'une des deux espèces et profite à l'autre. Le commensalisme sert les intérêts de l'une d'elles, sans nuire à

l'autre. Dans le mutualisme, deux espèces se rendent mutuelle-
ment service : un petit poisson en nettoie un gros, se nourrissant
et le soulageant de ses parasites.

J'avais trouvé la nature formidablement sage et astucieuse.
Cette information avait eu, pour moi, la qualité d'une révélation.

Retour sur la montagne. L'arbre est mort, donc le pic ne lui nuit
pas. L'insecte ne nuit pas, non plus, à l'arbre mort, mais l'oiseau
s'en nourrit. Je ne sais plus comment classer ces relations interes-
pèces, mais elles me semblent plutôt harmonieuses. Je respecte
cette loi de la nature dont je ne maîtrise pas toutes les raisons,
comme d'autres respectent la « volonté divine ». Spiritualité écolo-
gique ?

Peut-être.

En pensant aux cheveux noir corbeau et au nez légèrement busqué
de ma mère et de son frère, mon parrain, je me rappelle qu'il y a sans
doute un petit chromosome amérindien caché dans mon sang, et
j'en suis fière.

Si un courant peut relier le père Hamel, sœur Claire Dumont,
ma mère et moi, c'est certainement cette force supérieure à l'humain
trouvée dans la nature.

Quelques jours après cette « non-révélation » sur le cap, nouvelle
promenade hivernale, cette fois avec ma fille.

Au-delà de la petite montagne, on traverse un lac gelé pour
escalader une grosse roche d'où l'on se jette dans la neige. Le thermo-
mètre a grimpé : à moins cinq degrés, la température nous semble
si confortable qu'on s'étend sur le dos sous un ciel bleu foncé. Des
bandelettes de nuages effilochés forment de grandes ailes légères
à quelques endroits. Une de ces formations, juste au-dessus de nos
têtes, a pris la forme d'une harpe géante.

Alice attire alors mon attention sur un phénomène étrange : au sommet de cette harpe, un arc-en-ciel se faufile entre les bandelettes de nuages.

Impossible.

Un ciel bleu, pas une goutte d'eau dans l'air, mais l'arc-en-ciel est bien là : nous sommes deux à le voir. Iridescent, il évolue rapidement, comme s'il jouait de la harpe. Il perd ses paillettes et devient plus foncé, un mauve intense gagne en importance sur les autres couleurs avant de se fondre dans l'arrière-plan bleu du ciel, pendant que les cordes de la harpe se relâchent et que la formation nuageuse en entier se dépose comme un voile léger sur un plancher imaginaire.

Tout ça en cinq minutes de beauté absolue.

Rentrée en ville, le soir même, c'est en me brossant les dents qu'une question s'impose. Si, quelques jours auparavant, appelant une révélation sur le cap, je m'étais retrouvée devant ce spectacle, que serait-il arrivé ?

Au lieu de le regarder avec émotion et gratitude pour ce qu'il est, un phénomène naturel prodigieux, aurais-je été coincée ? Tentée ou même obligée de « croire » ?

Je souris en me disant que je l'ai échappé belle.

Aucun des six petits-enfants de Louise Adam-Perrin n'est baptisé.

Pourquoi ? Parce que ma mère nous a précisément demandé de ne pas le faire « pour elle » ni par convention. Elle a été très claire : « Ne le faites pas si vous n'y croyez pas. Ils pourront toujours décider eux-mêmes de se faire baptiser plus tard. » De la même façon, elle nous avait demandé expressément de ne pas utiliser l'église pour faire de « jolis mariages », à moins d'y croire profondément.

Aucune rancœur, pas la moindre allusion amère dans nos conversations avec elle. Mais, au moment où je lui ai appris ma relation avec celui qui allait devenir le père de mes enfants, un homme divorcé et père d'une jeune fille, ça brassait dans son journal…

« Je suis toute mêlée. J'accueille leurs amours avec amour et les trouve belles, mais j'ai pleuré ce matin. Je me demande quel est mon véritable sentiment. Humiliation de n'avoir pas su passer mes idéaux à mes enfants? Nostalgie de l'émotion des grandes orgues? Ça fait superficiel. Mais je ne peux pas parler de culpabilité parce que j'ai fait mon possible (peut-être pas assez?), et je ne peux pas parler de crainte parce que je suis sûre que Tu les aimes. »

C'est seulement en découvrant son journal que j'ai mesuré la place immense occupée par Dieu dans sa vie. Car ma mère à moi, dans notre vie, n'était pas une bigote fatigante, c'était une femme aimante.

Elle nous fichait la paix.

Aucun chantage émotif, aucune crise quand nous avons tour à tour arrêté de fréquenter l'église à l'adolescence (moi en dernier: je gagnais mon argent de poche en jouant de l'orgue quatre fois par semaine).

Mais, en lisant son journal, je mesure à quel point sa foi discrète et intérieure était un pôle d'équilibre, un « lieu sûr » psychologique pour elle.

Saint-Benoît-du-Lac était le point d'ancrage, l'incarnation physique de ce lieu sûr. Chaque printemps, maman organisait sa famille, remplissait le frigo, puis prenait la route pour la Villa Sainte-Scholastique, tout près du monastère, où elle se retirait quelques jours. Elle a continué d'échanger avec son ami bénédictin régulièrement jusqu'à ce qu'il meure. Il avait 85 ans, elle en avait 53 et perdait celui qui avait, en quelque sorte, pris le relais de la figure paternelle disparue trop tôt: « Le père Hamel est mort le 13 février. Je lui ai écrit le 15, à l'occasion de son anniversaire, lui souhaitant la joie de vivre… Je commence à mesurer l'ampleur de mon deuil. »

Je continue de penser que la foi a vraiment constitué un facteur de résilience pour ma mère. Plus qu'une béquille : un mécanisme d'adaptation à la vie.

Je me suis longtemps demandé comment opérait ce mécanisme, puis j'ai eu l'occasion, il y a quelques mois, d'échanger avec Ginette Carrier, travailleuse sociale devenue thérapeute conjugale et familiale, ayant adopté une approche cognitivo-comportementale. Ne connaissant pas cette branche de la psychologie, je lui ai demandé de me la présenter dans ses grandes lignes.

Après une quinzaine de minutes, je n'ai pu m'empêcher de lui dire : « Je ne voudrais surtout pas te froisser, mais tout ce que tu me racontes me fait énormément penser à l'enseignement chrétien de ma mère… »

Sourire énigmatique.

« Non seulement tu ne m'insultes pas, mais ce rapprochement est tellement vrai que je suis même devenue croyante à la suite de ce cheminement en psychologie cognitive. »

Son travail de thérapeute consiste, entre autres, à cerner les mécanismes négatifs de la pensée, à amener les gens à les remplacer par une attitude positive, constructive.

Elle me donne alors des exemples de ce processus, tirés directement… de la Bible !

Voir la paille dans l'œil du frère, alors qu'on a une poutre dans le nôtre, c'est juger l'autre, cultiver du ressentiment, donc se faire mal. « Pardonner sept fois soixante-dix-sept fois », c'est rejeter l'amertume qui pourrait nous gruger, « progresser vers la guérison affective », comme le dit Ginette.

Elle évoque aussi l'insécurité, l'angoisse du lendemain, qui amène bien des gens en consultation. À cette angoisse, l'Évangile répond par une question : « Qui de vous, par ses inquiétudes, peut ajouter une coudée à la durée de sa vie ? »

L'anxiété que nous nourrissons par des habitudes mentales trouve aussi une proposition : « Ne vous inquiétez donc pas du lendemain ; car le lendemain aura soin de lui-même. À chaque jour suffit sa peine. » Une véritable leçon de lâcher-prise ; oui, il y a presque de la « psycho pop » dans les évangiles.

Ces liens, Ginette les cultive pour elle-même : jamais elle ne fait référence à la Bible en consultation, à moins qu'un patient ne l'amène lui-même sur ce terrain.

De la même façon, j'ai entendu ces phrases, et d'autres encore, toute ma jeunesse. Mais maman ne les prononçait pas comme des « paroles d'évangile », simplement comme des leçons de sagesse.

À ma grande stupéfaction, je dois donc admettre être le produit, plus que je ne le pensais, d'une éducation chrétienne !

Dans le cas de ma mère, je crois qu'on peut parler d'une thérapie autoadministrée qui n'aura pas pu la guérir de la blessure de son enfance, mais qui a certainement contribué à sa capacité de composer avec.

Je pense à l'histoire de deux tantes de ma mère, malades en même temps dans leur grand âge. L'une d'elles, Huguette, s'est plainte toute sa vie, et l'autre, Jeannette, était d'une nature heureuse. La petite-fille de Jeannette avait dit à sa mère : « Huguette a un cancer, comme grand-maman. Elle a des problèmes de cœur, comme grand-maman. Elle a mal à son dos, comme grand-maman ; mais c'est triste parce qu'Huguette, elle, n'a pas la santé pour passer à travers ! »

Maman a eu la santé du cœur pour passer à travers.

Alors, je pense qu'ils sont chanceux, ces gens, comme ma mère, comme Ginette, comme Claire Dumont, animés d'une foi inspirante qui les guide, les soutient. Ceux qui savent ne pas s'accrocher aux dogmes et aux obligations de la pratique religieuse, mais en tirer le meilleur. Je me dis que, si la religion encourageait d'abord cette liberté éclairée du croyant, elle ne serait pas en train de mettre à feu et à sang la moitié de la planète ; elle ne pourrait pas, si facilement, devenir l'instrument politique au nom duquel la tyrannie s'invite.

En parlant avec Claire Dumont, j'ai retrouvé cette même foi, sans prosélytisme, sans prescription autoritaire. L'homophobie érigée en loi dans plusieurs coins du monde la révulse. Elle refuse de juger une jeune fille qui choisit de se faire avorter ou un malade en phase terminale qui demande qu'on l'aide à mourir.

Tolérance : le mot clé.

Et, encore plus fondamentalement : amour.

13

Il faut bien finir par la fin.

Les funérailles de ma mère ont été sereines et bien arrosées de larmes, le 31 mars 2012, à l'église de la Visitation. Église historique dans le quartier Ahuntsic, la seule qui nous soit restée du régime français sur l'île de Montréal ; elle a de la classe, sans fla-fla, un décor baroque léger et lumineux, rien de pompeux. Parfaite pour maman. Un orgue magnifique et pas lourd, avec deux belles voix ce matin-là. Temps superbe : soleil vif dans un air de printemps encore très frais.

Mes tantes, mes cousines, mes sœurs ; dans cette famille, on sourit en pleurant. Ici, un sourire qui évoquait le sien, là, une inflexion de la voix ou un éclat dans l'œil : toutes ces femmes me livraient une parcelle de ma mère comme un cadeau. On célébrait et enterrait tout à la fois.

Le lundi 2 avril, je retournais à la radio. J'allais me rasseoir sur la chaise même où j'avais appris, six jours plus tôt, la mort de maman. Quand j'ai pensé que j'allais me retrouver assise là, j'ai eu un point au cœur.

Mon premier invité, par hasard et contre toute habitude : un chanteur. Rufus Wainwright, qui lançait son disque *Out of the Game*, marqué entre autres par… la mort de sa mère.

Alors, j'ai senti que je n'avais pas le choix.

Il fallait parler de ce que je venais de traverser. Après tout, on fait de la radio avec tout ce qu'on est, y compris les expériences les plus marquantes de la vie, les grands moments de passage. J'ai évoqué la chaise, en précisant qu'elle ne me tourmenterait pas. Parce que j'étais en paix avec la mort de ma mère, malade depuis longtemps. Il n'y a pas de fin idéale, pas de vérité absolue sur la façon de mourir, mais j'ai tout de même ajouté que je pensais que ma mère avait eu une mort pour elle. Elle était près de l'homme de sa vie, on l'avait beaucoup entourée dans les jours qui ont précédé son décès.

J'ai terminé en soulignant les soins palliatifs compétents et humains auxquels elle avait eu accès.

Voilà, la vie reprenait son cours.

Je pleure encore.

Mais, comme ma mère a pleuré sa propre mère toute sa vie, je me résigne et je souris. Je souris parce que je fais comme elle : je me laisse surprendre par une bordée de larmes comme par une averse inopinée dans un ciel d'été.

Chaque printemps, elle achetait des jonquilles au profit de la Société du cancer, la maladie qui avait emporté sa mère beaucoup trop jeune. En payant, elle se réjouissait toujours de la splendeur jaune qui allait éclater. Puis, chaque année, en plaçant la botte de fleurs dans un vase, elle pleurait. Elle pleurait sa maman perdue. J'avais pris l'habitude des jonquilles à mon tour, depuis le début de ma vie adulte.

Alors, tu devines la suite, maman? Les printemps suivant ton décès, j'ai dû quitter en vitesse le comptoir des gentilles dames de la Société du cancer pour pleurer dans un coin. Je pleurais et souriais en même temps de ce chagrin transmis comme un gène.

Je pleure sur la route de Kamouraska, un coin magnifique qu'elle aimait, quand je vois un casse-croûte pimpant qui s'appelle Chez Louise. Je me rappelle l'avoir entendue dire, avec tout plein d'autodérision, que c'était assurément en son honneur et qu'on y mangeait certainement très bien. Je pleure en repassant devant la

Maison Michel-Sarrazin à Québec, cet endroit où elle a été si heureuse comme bénévole en soins palliatifs. Chaque fois, l'émotion est vive, mais pas la douleur : je pleure d'amour.

Tu ne nous as pas transmis ta souffrance. Tu as capté assez de lumière, assez d'amour pour nous protéger grandement de ta douleur. Ton corps l'a absorbée, il t'a fait mal pour l'exprimer. Puis il a fabriqué sournoisement l'échappatoire ultime à cette douleur : une démence douce, un repos de plus en plus profond.

Cette conviction est très forte en moi. Dès le début, j'ai vu la démence de maman et la forme qu'elle prenait comme une fuite. Mais la fille sage en moi sait bien qu'il n'y a pas de lien de cause à effet. Bien des victimes d'agression sexuelle n'ont pas développé de démence. Et j'espère que la grande majorité des gens atteints de démence n'ont pas été agressés sexuellement !

Mais, de lui-même, le Dr Devroede a décrit la maladie de maman comme une possible conséquence du traumatisme de son enfance. Pas trop étonnant de sa part : son insatiable quête de sens l'amène toujours à chercher le lien, à voir l'expérience humaine comme un tout, rattachant puissamment le physiologique et le psychique.

C'est avec beaucoup de précaution que j'ai abordé le sujet avec le Dr Judes Poirier, ce grand spécialiste des dégénérescences cérébrales qui travaille à l'Institut Douglas.

Il a d'abord mentionné les liens désormais évidents entre traumatismes crâniens et maladie de Parkinson. Puis le lien qui s'établit peu à peu entre stress post-traumatique et probabilité de développer une démence. Son explication est limpide : le cerveau qui compose avec un traumatisme est simplement moins efficace pour combattre la dégénérescence. En vieillissant, il perd un peu de sa capacité à gérer le stress. De plus, à cause du stress, il perd progressivement son habileté à s'adapter aux changements biologiques (ceux du vieillissement) et environnementaux. La démence pourra donc « profiter » de ce terrain plus fragile pour s'installer.

Quand j'évoque le cas de maman avec le Dr Poirier, une agression sexuelle très ancienne, oubliée puis revenue à la surface, pour lui, on est dans la même zone. On peut probablement parler de facteur contributif.

Les études sont encore préliminaires sur le lien entre trauma dans l'enfance et démence, mais on soupçonne que la dérégulation des hormones de stress, causée par le trauma, est en quelque sorte un facteur d'usure pour le cerveau.

Je repense au fait que les dommages au cerveau s'amorcent entre 10 et 20 ans avant l'apparition des symptômes d'une démence. Le calcul devient révélateur : dans la vie de maman, ces dégâts auraient donc commencé après qu'elle a pris conscience d'avoir été violée à cinq ans. Mais, même pendant toutes les décennies précédentes, quand le ventre ou le cœur réagissaient, quand elle bloquait au lit, c'était un flot d'hormones de stress qui, chaque fois, usait un peu plus son cerveau.

Alors, la fille sage continue d'être rationnelle, mais la fille de chair a mal pour sa mère.

Quand on la questionnait sur la vie après la mort, maman avait l'habitude d'affirmer que le repos éternel lui suffirait. L'idée, angoissante pour beaucoup, qu'il n'y ait peut-être « plus rien après » ne l'effrayait pas. Tellement pas, en fait, qu'elle ne sentait aucunement le besoin d'y opposer une certitude tirée de la foi.

« Et puis, s'il n'y a rien, ce sera simplement comme s'endormir pour toujours ; pas si mal dans le fond ! »

En avril 1957, le père Hamel écrivait : « Quant au regret, c'est un art d'en avoir juste ce qu'il faut pour que le souvenir soit doux et fortifiant et rien que cela. Tout passe. Nous pouvons emporter avec nous les choses fuyantes par un souvenir précis et une mémoire fidèle, heureux de ce qui fut et content de ce qui est. »

Repose-toi, maman. Ta vie éternelle est en nous. Nos sourires mélangés, à mes sœurs et moi, recréent le tien. Les conseils reçus sont répétés.

Le ton qu'elle avait, léger et précis, amusé et humain, cette façon de regarder la vie avec ouverture, nous avons cela en héritage ; j'en trouve des traces chez mes cousines et mes cousins, qui l'avaient reçu des mêmes racines qu'elle. À nous de le cultiver.

Nous inspirer d'elle, vivre autant que possible en dehors de l'amertume.

Pendant ses fiançailles, maman avait écrit à mon père : « Tu es installé à demeure en moi. Puisses-tu ne jamais t'y ennuyer. »

De la même façon, je pense qu'elle est installée à demeure en nous, et je souhaite qu'elle ne s'y ennuie pas, qu'elle ne soit pas déçue.

On est une bribe de la vie éternelle des gens qui nous ont marqués. On en transmet une parcelle à ceux qui nous suivent. Vision « à rabais » de la vie éternelle ? Peut-être. Mais elle fait mon affaire, car nous voilà responsables de l'humanité : ce qu'on est continue de la construire.

Il faudrait alors accepter que les salauds aient un pouvoir équivalent…

Oui, sans doute. Par contre, on peut limiter ce pouvoir. On peut aimer assez une petite fille de cinq ans qui a croisé un salaud sur sa route pour circonscrire les dégâts. Mais si les parents de la petite fille n'ont rien vu, ou ne veulent rien voir, le salaud saccage de manière irréversible et prend le pouvoir sur une vie et sa descendance.

Tu es restée une source d'amour jusqu'à la fin.

Le 1ᵉʳ janvier 2012, moins de trois mois avant ta mort, une amie est passée te voir, au matin. Elle t'a demandé ce que tu souhaitais pour l'année. Ta réponse, tu l'as murmurée sans hésiter : « Que mes filles soient heureuses. » Ce souhait me fait encore pleurer chaque fois que j'y repense. Je pleure, mais avec le sourire d'une femme heureuse.

Voilà le miracle de ta vie. Malgré une blessure effrayante, enfouie, latente, ressurgie subitement puis apprivoisée, l'amour aura gagné.

Le 27 août 1959, le père Hamel écrit à maman, heureuse de ses fiançailles et du mariage qui s'en vient : « Oui, allez de l'avant, Louise, comme vers une aube grandissante, comme vers un jour dont nous portons le soleil en nos cœurs. Cet amour humain et divin que Dieu vous donne magnifiquement, vivez-le en plénitude. Vivez-le aujourd'hui, demain, toujours. Ne pensez pas aux tracas et aux ennuis de la vie. Il n'y en a que pour ceux qui n'aiment pas. AMOUR donc et le reste, QUEL reste ? Il n'y en a pas puisque l'amour est tout. »

Un demi-siècle plus tard, maman est fatiguée, et on décèle les premières pertes cognitives. À l'été 2005, elle écrit qu'elle a retrouvé sur une feuille volante une note de sa main :

« Écrite je ne sais quand, mais que je ne veux pas perdre. Voici :

Ce que je trouve important :

Jacques et les filles,

l'amour,

l'amitié,

servir – me rendre utile,

ma foi en Dieu,

avoir le goût de chanter et de danser,

des contacts chaleureux avec les autres (en général).

Ce que je trouve le plus important :

l'amour, parce que je peux y incorporer tout le reste, y compris ma foi en Dieu. »

« J'avais quel âge ? » se demande ensuite maman. « Je n'ai pas beaucoup changé. J'ajouterais "les filles et leurs familles"… et j'espère trouver bientôt le goût (la force ?) de "servir et me rendre utile". »

De tout son journal, c'est la seule fois qu'elle signe : « Louise, 19 juillet 2005. »

Et, de tout son journal, c'est la dernière page.

Annexe

Dom Raoul Hamel et l'accompagnement spirituel des bénédictins

Pour obtenir l'autorisation de publier les extraits des lettres du père Hamel, je me suis adressée au père abbé de Saint-Benoît-du-Lac, dom André Laberge.

À quelques reprises, j'avais eu l'occasion de croiser le père Laberge dans le milieu musical. Excellent organiste et brillant claveciniste, celui-ci a donné des récitals remarquables, tout en réservant à sa communauté la plus grande part de sa vie et de ses activités.

Il s'est toujours rappelé que ma mère fréquentait Saint-Benoît-du-Lac et il me demandait de ses nouvelles à chacune de nos rencontres.

Dom Laberge a généreusement accepté, au nom de l'abbaye, unique légataire du père Hamel, que la correspondance de ce dernier avec ma mère soit utilisée dans le présent ouvrage.

Le monastère ne disposant pas d'une biographie de dom Hamel, il a eu l'idée de me faire suivre un court « portrait » du moine défunt, lu chaque année au réfectoire le soir du 12 février, veille du décès de dom Hamel. Ce texte fait partie du « ménologe » de Saint-Benoît-du-Lac, un recueil biographique commémorant des personnages édifiants ou importants pour la communauté.

HAMEL, dom Raoul (Ménologe au 12 février)

Le 13 février 1988, dom Raoul HAMEL passait de ce monde au Père à l'âge de 85 ans après une brève maladie.

Né à Saint-Rémi de Tingwick, en 1903, il entre en notre monastère en 1922. L'année suivante son supérieur l'envoie à l'Abbaye de Saint-Wandrille (France) pour y faire son noviciat et ses études de philosophie et de théologie. De retour au pays en 1930, il est ordonné prêtre le 5 avril de la même année.

Parmi les charges qui lui furent confiées, nombreuses et variées, l'enseignement de la théologie tint une place prédominante. Pendant 26 ans, il initia des générations de jeunes moines aux richesses doctrinales de la Somme théologique de saint Thomas d'Aquin.

Sa curiosité intellectuelle, cependant, déborda de beaucoup le cadre des exigences professorales ; passionné de lecture, il ne cessa jamais d'accroître ses connaissances dans les domaines les plus variés.

Les années passèrent, la vieillesse vint sans que jamais s'affaiblissent chez lui l'enthousiasme, la liberté d'esprit et le goût de vivre. Par sa simple présence, dom Hamel donnait à ses frères le témoignage stimulant d'une joie rayonnante, fruit de cette harmonie qu'il avait su maintenir entre son attachement aux valeurs humaines et sa foi indéfectible aux réalités surnaturelles.

Il me restait quelques questions, dont certaines soulevées par mon éditeur, Pierre Cayouette, sur le statut (non officiel) de « protégée » dont ma mère a bénéficié dans les années cinquante, en tant que jeune croyante cherchant un directeur spirituel.

Dom Laberge a aimablement pris le temps d'y répondre lui-même.

« D'abord, j'aimerais corriger l'expression "protégée". Ce n'est pas une expression que l'on emploie chez nous (même du temps où votre mère était en contact avec dom Hamel). On parle plus volontiers de "dirigée" au sens où l'ont toujours entendu les "directeurs spirituels" et "confesseurs" depuis le temps de saint François de Sales. On emploie encore aujourd'hui (du moins au monastère de Saint-Benoît-du-Lac) le mot salésien "philothée" (du grec : *philos, theos*, "qui aime Dieu") pour désigner une personne qui recourt aux conseils spirituels d'un moine.

« Dans ce sens, votre mère a été une "philothée" du père Hamel.

« Aujourd'hui, on aime moins l'expression "dirigée" de même que celle de "directeur spirituel". On préfère les termes "père spirituel" ou "mère spirituelle" ou encore "accompagnateur spirituel" ou "accompagnatrice spirituelle". »

Ce type d'accompagnement a-t-il toujours fait partie des nombreuses missions de la communauté ?

« Dans nos monastères, certains moines-prêtres (mais pas tous, cela dépend du "charisme" du moine en question ; plusieurs ne sont pas nécessairement doués pour rendre ce service) ont toujours été appelés à rencontrer des personnes qui éprouvent le besoin de recourir à leurs conseils spirituels, moraux et parfois même psychologiques. Il arrive alors qu'ils remplissent une fonction de "thérapeute secondaire" (sans avoir le diplôme de psychologue).

« C'est un ministère qu'ils accomplissent dans le cadre de l'accueil que les monastères offrent dans leurs hôtelleries. Vous seriez étonnée d'apprendre combien de personnes de toutes conditions et de tous âges viennent, comme l'a fait votre mère, consulter un moine.

« Ce ne sont pas tous les moines-prêtres qui agissent comme conseillers spirituels. Il y a d'abord les hôteliers, qui sont nommés par le père abbé. Il y a ensuite une liste de moines-prêtres qui leur sont adjoints pour le "ministère de l'écoute" à proprement parler. Car les premiers sont chargés principalement d'accueillir les hôtes qui viennent séjourner à l'abbaye et de veiller à leur "confort".

« La liste des moines qui aident les hôteliers est établie conjointement par le père abbé et le premier hôtelier.

« Vous l'aurez noté, j'emploie toujours l'expression "moine-prêtre" pour la distinguer de celle de "moine non-prêtre" (les anciens "frères convers"). Ces "moines non-prêtres" ne remplissent pas la fonction d'accompagnateur spirituel. »

De quelle façon le contact initial s'établit-il ?

« Les moines-prêtres ne décident pas d'eux-mêmes s'ils feront ou non du ministère à l'hôtellerie. Ils y sont appelés par le père abbé, qui reconnaît en eux les qualités (ouverture d'esprit, sens de la relation interpersonnelle, bonne connaissance de la théologie morale et spirituelle, bon jugement, bon sens, etc.) qui les rendent aptes à remplir le délicat service de l'accompagnement spirituel auprès des personnes qui viennent consulter.

« Le contact initial s'établit toujours par l'intermédiaire du portier ou de l'hôtelier. On souhaite rencontrer un moine-prêtre. On sonne à la porte du monastère et on fait sa demande. Le portier entre en contact avec l'hôtelier, qui viendra lui-même, s'il est libre, rencontrer la personne en question ou demandera à un autre moine-prêtre de venir rencontrer cette personne.

« Votre mère a fréquenté pendant plusieurs années, je crois, notre hôtellerie des dames, appelée Villa Sainte-Scholastique. C'est sûrement lors de l'un de ses premiers séjours qu'elle a voulu rencontrer un moine, et celui qui est venu a été dom Raoul Hamel. »

Ma mère est restée en contact avec dom Hamel jusqu'à son décès. Cette durabilité du lien est-elle fréquente ?

« Avec le temps, un lien profond s'est établi entre votre mère et dom Hamel. Un lien qui a duré jusqu'au décès de dom Hamel. C'était sans doute un lien d'amitié spirituelle comme on en rencontre tellement dans l'histoire de la spiritualité chrétienne. Nos monastères sont riches de "philothée" qui sont fidèles à leur "père spirituel" jusqu'au décès de ce dernier.

« Je sais que le père Hamel a eu beaucoup de "philothée" qui lui ont été attachés jusqu'à la fin de sa vie. Votre mère a fait partie de ce réseau qui faisait sa joie. »

Bibliographie

DEVROEDE, Ghislain, *Ce que les maux de ventre disent de notre passé*, Payot & Rivages, 2002.

DUBUC, Bruno, *Le cerveau à tous les niveaux!*
http://lecerveau.mcgill.ca/

DUMONT, Claire, «Charte des valeurs québécoises – Adieu coiffe, voile, corset, cape, capuche, etc.!», *Le Devoir*, section opinion, mercredi 2 octobre 2013.

MARIN, Marie-France, Myra GRAVEL CREVIER et JUSTER, Robert-Paul, «L'état de stress post-traumatique d'un point de vue scientifique et clinique», *Mammouth magazine*, n° 12, avril 2012, sur le site suivant:
http://www.stresshumain.ca/mammouth-magazine.html

MONTPETIT, Caroline, «Agressions sexuelles – Une anglophone de l'Ontario obtient gain de cause en français», *Le Devoir*, samedi 24 mai 2014.

POIRIER, Judes, Ph. D., C.Q., et Serge GAUTHIER, M.D., *La Maladie d'Alzheimer. Le guide*, Trécarré, 2011.

SERVAN-SCHREIBER, David, *Guérir le stress, l'anxiété et la dépression sans médicaments ni psychanalyse*, Robert Laffond, 2003.

ROQUES, Jacques, *Découvrir l'EMDR. Bouger les yeux pour guérir*, Marabout, 2008.

Remerciements

À mon père, Jacques Perrin, pour sa généreuse confiance et pour nos longues conversations. À mes sœurs, Agnès et Geneviève Perrin, que j'admire et aime profondément.

Merci aux intervenants rencontrés tout au long de cette quête : Dr Judes Poirier, Mme Danielle Cécyre, Dr Ghislain Devroede, D^{re} Élise St-André, Mme Geneviève La, ostéopathe, sœur Claire Dumont, Mme Ginette Carrier, travailleuse sociale et thérapeute conjugale et familiale. Merci aussi à la journaliste Dominique Forget ; ses excellentes recherches préliminaires m'ont préparée à rencontrer plusieurs de ces intervenants.

Un merci tout spécial à dom André Laberge pour sa précieuse collaboration.

Merci à Pierre Cayouette, qui a souhaité lire ce récit après l'avoir entendu ; il m'a accordé sa confiance et son soutien plein d'humanité et de doigté en tout temps.

À mon amour, Mathieu Lussier, merci pour tout.

Merci aussi à Geneviève Rioux, Geneviève Turcotte, Anne Beaudry, Pierre Bernard et Catherine Raymond.

Achevé d'imprimer au Canada
sur les presses de Imprimerie Lebonfon Inc.